ABC DO DESENVOLVIMENTO URBANO

Do Autor (pela Bertrand Brasil):

O DESAFIO METROPOLITANO
Um Estado sobre a Problemática Sócio-Espacial
nas Metrópoles Brasileiras
PRÊMIO JABUTI – 2001
(Ciências Humanas e Educação)

• • •

MUDAR A CIDADE
Uma Introdução Crítica ao Planejamento e
à Gestão Urbanos

• • •

ABC DO DESENVOLVIMENTO URBANO

• • •

A PRISÃO E A ÁGORA
Reflexões em Torno da Democratização
do Planejamento e da Gestão das Cidades

• • •

FOBÓPOLE
O Medo Generalizado e a Militarização
da Questão Urbana

• • •

OS CONCEITOS FUNDAMENTAIS DA PESQUISA SOCIO-ESPACIAL

• • •

AMBIENTES E TERRITÓRIOS
Uma Introdução à Ecologia Política

Marcelo Lopes de Souza

ABC DO DESENVOLVIMENTO URBANO

12ª edição

Rio de Janeiro | 2023

Copyright © 2003 Marcelo Lopes de Souza

Capa: Leonardo Carvalho

Editoração: DFL

2023
Impresso no Brasil
Printed in Brazil

CIP-Brasil. Catalogação na fonte
Sindicato Nacional dos Editores de Livros, RJ

S716a	
12ª ed.	Souza, Marcelo Lopes de, 1963-
	ABC do desenvolvimento urbano / Marcelo Lopes de Souza - 12ª ed. - Rio de Janeiro: Bertrand Brasil, 2023.
	192p.
	ISBN 978-85-286-1013-0
	1. Regiões metropolitanas. 2. Desenvolvimento urbano. 3. Crescimento urbano. 4. Reforma urbana I. Título.
03-0521	CDD – 307.76
	CDU – 316.334.56

Todos os direitos reservados pela:
EDITORA BERTRAND BRASIL LTDA.
Rua Argentina, 171 — 3º andar — São Cristóvão
20921-380 — Rio de Janeiro — RJ
Tel.: (21) 2585-2000

Não é permitida a reprodução total ou parcial desta obra, por quaisquer meios, sem a prévia autorização por escrito da Editora.

Atendimento e venda direta ao leitor:
sac@record.com.br

SUMÁRIO

Por que livros de divulgação científica, nas ciências sociais, são tão raros? (Uma conversa preliminar com o leitor) 9

Introdução: refletindo sobre as cidades, seus problemas e as maneiras de superá-los 19

1. O que faz de uma cidade uma *cidade*? 23

2. Quando e como surgiram as primeiras cidades? 41

3. Da cidade individual à rede urbana 49

4. A cidade vista por dentro 63

5. Problemas urbanos e conflitos sociais 81

6. O que devemos entender por *desenvolvimento urbano*? 93

7. Das falsas explicações sobre os problemas urbanos às falsas receitas para superá-los 103

8. *Reforma urbana*: conceito, protagonistas e história 111

9. Os instrumentos da reforma urbana 123

10. Os obstáculos e o alcance da reforma urbana   133

11. "Irmãos" e "primas" da reforma urbana: orçamentos participativos e organizações de economia popular   139

Conclusão: Das tribos à "globalização" – a aventura humana e o papel das cidades   153

Termos técnicos explicados   167

Bibliografia comentada   181

Sobre as ilustrações   189

A cidade em progresso

Não cresceu? Cresceu muito! Em grandeza e miséria
Em graça e disenteria
Deu franquia especial à doença venérea
E à alta quinquilharia.

Tornou-se grande, sórdida, ó cidade
Do meu amor maior!
Deixa-me amar-te assim, na claridade
Vibrante de calor!

(Do poema *A cidade em progresso*, de Vinícius de Moraes)

Por que livros de divulgação científica, nas ciências sociais, são tão raros? (Uma conversa preliminar com o leitor)

Um professor de Física que tive, no terceiro ano do ensino médio – chamado, na época, de 2º. grau –, costumava, fazendo um gracejo de duvidosa qualidade, dividir as ciências em "exatas" e "exóticas". Fora mais ou menos dois anos antes, no começo do ensino médio, que eu comecei a enveredar mais seriamente pelo caminho que me levaria, anos depois, a optar profissionalmente pelas "ciências exóticas". Entretanto, as minhas grandes paixões intelectuais, durante a maior parte da adolescência, foram outras: Astronomia e, justamente, Física. Foram essas duas paixões que, se não me abriram propriamente as portas de um mundo maravilhoso, o mundo dos livros (as quais já tinham sido abertas anos antes), certamente me estimularam ainda mais a explorá-lo. Foi por essa época que travei contato com algo fundamental para despertar vocações nos jovens, assim como para a informação do público leigo em geral: as obras de *divulgação científica*.

Inesquecível, para mim, o convívio com autores capazes de traduzir em linguagem simples, mas sem banalizar demais, e, muito menos, sem distorcer, idéias muitas vezes complexíssimas. É o caso do grande matemático e filósofo Bertrand Russell, cujo *ABC da relatividade* devorei sofregamente lá pelos meus quatorze ou quinze anos. O título do presente livro, aliás, não é plágio, e sim uma espécie de homenagem ao livro de Russell e ao que ele representa. Além desse, muitos outros livros os trago em boa memória: os do físico russo-americano George Gamow, que chegou a criar um personagem, Mr. Tompkins, para explicar aos adolescentes, em meio às suas aventuras e peripécias, os princípios da Teoria da Relatividade; os do astrônomo Carl Sagan, que ficou famoso entre o grande público, sobretudo, graças a uma série de TV, adaptação de seu maravilhoso livro *Cosmos*; os do famosíssimo escritor (com formação científica em Bioquímica, creio eu) Isaac Asimov, tão bom autor de ficção científica quanto de livros de divulgação científica, especialmente nas áreas de Astronomia, Astronáutica e Robótica. Esses, ao lado de vários outros livros – como o *Da Terra às Galáxias*, do grande astrônomo brasileiro Ronaldo Rogério de Freitas Mourão –, foram importantíssimos companheiros de adolescência. A eles devo o meu interesse pela ciência, de um modo geral.

É quase de pasmar, assim, que eu, apesar disso, tenha acabado optando pelo que o meu professor de Física chamava de "ciências exóticas". Sem dúvida, deveria haver algo de muito forte, dentro de mim, empurrando-me para elas, e o meu interesse febril de adolescente pela história da Segunda Guerra Mundial, logo em seguida desdobrado em um juvenil e um pouco ingênuo interesse pela Geopolítica, assim como o meu hábito ainda de adolescente de ler algumas coisas de Filosofia (mais julgando entendê-las que entendendo-as propriamente), devem ter influenciado a minha decisão. Com certeza, não foram os equivalentes sociológicos, geográficos, econômicos ou politológicos de Russell, Gamow, Asimov ou Mourão, pela simples razão de que eles quase não existiam. O "quase" vai aqui, na verdade, na conta de um eufemismo ou de uma concessão à minha ignorância, pois a tentação de ser mais duro é grande. No terreno das ciências sociais, a única obra realmente de divulgação científica, prato aliás muito saboroso, que cheguei a degustar durante os anos de minha formação, veio tarde demais, quando eu já cursava o primeiro ano da universidade: *A era da incerteza* (livro e série de televisão, ambos muito bons), do economista John K. Galbraith. Com os meus olhos de hoje, admito que certas obras das ciências da sociedade, mesmo tendo sido escritas por especialistas e para especialistas, são tão gostosas de ler (em grande parte devido ao próprio objeto), que eu poderia me ter com elas deleitado: por exemplo, certos clássicos da

Antropologia e alguns trabalhos de historiadores. No entanto, por qualquer razão, meu contato com essa literatura foi tardio.

Mas, o que importa, nesse prefácio, não é falar de mim, mas sim do problema que me motivou a escrever este livro e a torrar a paciência do leitor com o aparente exercício narcísico de falar sobre as minhas leituras de adolescente: a constrangedora escassez de livros de divulgação científica no âmbito das ciências humanas e sociais. Quais as razões dessa escassez, dessa quase ausência? Por que o "vulgarizador" (no sentido francês de *vulgarisateur*), isto é, o perito que também se preocupa com a popularização do conhecimento científico, é personagem tão pouco usual nas ciências sociais? (Regra em relação à qual, justiça lhes seja feita, os historiadores têm sido a principal exceção, pois vêm brindando o público leigo cultivado, e não é de hoje, com livros deliciosos e atraentes para qualquer amante da leitura.)

Nas ciências naturais, em que tudo parece tão certinho, sabe-se muito bem o que faz a diferença entre um livro para iniciantes, um outro para estudantes avançados, um para profissionais e um livro (ou, normalmente, artigo) que contenha resultados de pesquisa de ponta, lidando com a fronteira do conhecimento. A diferença entre o livro para um público leigo e aquele para um público de especialistas é mais fácil ainda de reconhecer: ela é imposta pela própria presença, no segundo caso, de termos técnicos em abundância, muitas vezes também pelo elevado grau de conhecimento matemático que é exigido do leitor para acompanhar a exposição. No caso das ciências da sociedade, em largussíma medida em função de seu objeto (e não, ao contrário do que alguns poderiam imaginar, em função da menor inteligência dos cientistas sociais), as coisas não se dão dessa forma. Os termos técnicos das ciências da sociedade são, em grande parte, ou mesmo na sua maioria, palavras e expressões que também estão presentes no discurso do senso comum: classe social, território, democracia, sociedade, partido político, lugar, modernização, ordem, poder... Bem diferentes, por exemplo, de "coisas" como *quasar*, *neutrino*, *genoma*, *sinapse*, *metamorfismo*, *fractais* e, obviamente, *tripanossoma cruzi* ou *oligoclásio* (isto é, em bom "quimiquês", *(Na,Ca)*

(Al, Si)$_4$ O$_8$), que são inteiramente obscuras para a grande maioria dos não-especialistas... Mais do que isso: nas ciências da natureza, não são apenas os termos técnicos que criam barreiras impenetráveis para o leigo; o próprio objeto, normalmente, consiste em uma realidade fora do alcance do indivíduo comum, ou porque pertence ao mundo do muito pequeno (só acessível com a ajuda de microscópios e ciclotrons), ou porque se situa no campo do muito distante e muito grande (acessível somente com o auxílio de telescópios e radiotelescópios), ou, ainda, porque não faz parte da experiência quotidiana das pessoas, remetendo a investigações feitas em laboratórios. O objeto do cientista natural, ademais, além de prestar-se muito mais facilmente à quantificação, esse verdadeiro apanágio da ciência positivista, é muito mais passível de ser visto como "exterior" ao pesquisador. A relação de um pesquisador com uma rocha, com uma galáxia distante ou mesmo com um outro ser vivo é de ordem qualitativamente diferente de sua relação com outros seres humanos, especialmente se pertencerem à sua própria sociedade.

Por tudo isso, parece que as ciências da sociedade lidam, de certo modo, com o "óbvio", enquanto que as ciências da natureza desvendariam os mistérios e segredos do universo. É claro, contudo, que o "óbvio" é muito menos "óbvio" do que parece. O fato de utilizar freqüentemente palavras que andam de boca em boca não significa que elas sejam empregadas da mesma maneira; ao menos teoricamente, trata-se, para o cientista social, de termos que têm por trás de si *conceitos*, e cuja exigência de rigor tem de ser grande.

Por falar em rigor: não é porque a matematização é muito mais difícil ou mesmo, em grande parte, indesejável e ardilosa na esmagadora maioria dos setores das ciências sociais (uma exceção parcial e um pouco ilusória sendo a Economia), que o rigor e a precisão, entendidos em um sentido mais amplo, vão, necessariamente, estar ausentes. Dito de outra forma: não é porque idéias tão centrais (chamadas, tecnicamente, de *constructos* – vide a seção **Termos técnicos explicados** ao final do livro) como *poder, carisma* e *autoridade* e fenômenos como *identidade sócio-espacial* ou *influência cultural* se mostram refratários a mensurações que se pode falar o que bem quiser, sem base empírica e sem rigor reflexivo. (Em linguagem mais técnica e precisa, também explicada no glossário ao final do livro, pode-se dizer que tais constructos são refratários a mensurações *nas escalas de razão e intervalo*, embora sejam tratáveis em *escala ordinal*.) E também não é pelo fato de lidar com fenômenos que, de alguma maneira, dizem respeito a todos, e a respeito dos quais todos se julgam capazes de dizer algo, que o cientista social irá enxergá-los da mesma maneira; o microscópio e o telescópio devem ser substituídos, pelos cientistas sociais, pela capacidade de perscrutar e examinar o que se passa em várias escalas simultaneamente (do local ao global, passando pelo regional, pelo nacional...), integrando os conhecimentos e mobilizando grandes volumes de dados e informações de naturezas diversas, coisa que exige um treinamento específico.

Tudo isso não significa que, em um sentido *político* essencial, o direito de os não-especialistas se pronunciarem – e mais, o direito de eles *decidirem* – sobre coisas que afetam suas vidas e seus destinos, nos terrenos da política, da economia, da cultura e da organização espacial, não seja verdadeiro ou legítimo, ainda que esse direito não seja reconhecido pelos tecnocratas e pelas elites dominantes. Apenas, desejo lembrar que há, sim, uma dimensão técnica/científica cuja apreensão exige conhecimentos que não se confundem inteiramente com o senso comum. Esses conhecimentos são, potencialmente, de grande relevância, por contextualizarem o saber prático e quotidiano dos não-especialistas e revelarem os limites do senso comum; mas, apesar disso, não são sempre "superiores", e nem mesmo são capazes de garantir, sempre, maior eficácia às intervenções sobre a realidade.

Por último, não é por estar infinitamente mais exposto às interferências de valores político-filosóficos – a própria expressão "interferência", aliás, é um bocado inadequada aqui –, que o trabalho do cientista social há de ser "pouco objetivo", como ainda se ouve, depreciativamente. Afinal, mesmo não desejando se esconder por trás de um quimérico manto de "neutralidade axiológica" (isto é, neutralidade com relação a valores) e assumindo seus pressupostos motivacionais e panos-de-fundo político-filosóficos, o cientista social não se vê desobrigado de distinguir entre discursos panfletários e vulgarmente ideológicos, nítida e grosseiramente parciais, de um lado, e argumentações empiricamente bem fundamentadas e tão honestas e livres de vieses quanto possível, de outro lado.

Seja como for, os cientistas sociais têm, sim, maiores dificuldades para apresentar para os leigos os seus resultados. Na verdade, o que se buscou foi, algumas vezes, de certa maneira, o inverso da divulgação científica: revestir análises com uma capa de complicação desnecessária, terminológica ou matemática, com o objetivo de granjear maior "respeitabilidade científica". O resultado disso foi decepcionante, para não dizer ridículo: textos herméticos sobre assuntos os mais variados, em que o formalismo matemático e/ou o linguajar pedante mais atrapalham do que ajudam a ganhar conhecimento novo realmente relevante. Exemplos vão, aqui, dos antigos "modelos gravitacionais" para explicar migrações até as recentes tentativas de usar a Geometria dos fractais para explicar e planejar o crescimento urbano (vide o significado de "modelos gravitacionais" e "Geometria dos fractais" no glossário ao final do livro). Talvez esse complexo de inferioridade – felizmente não presente em todo mundo, é claro – tenha contribuído um pouco para fazer com que aqueles que abraçaram as ciências da sociedade não se interessassem por trazer ao alcance do indivíduo leigo letrado seus muitas vezes importantíssimos resultados, seus exercícios de desconstrução do senso comum e de desconfiança em face do aparententemente óbvio. Que pena: não há nada tão fascinante e complexo, e por isso mesmo demandante de elucidação e divulgação adequadas, do que a aventura humana sobre a face da Terra.

O presente livro deseja ser uma contribuição para o preenchimento dessa lacuna. Sua meta, porém, é modesta, pois seu objeto é bem demarcado: o desenvolvimento urbano. Conhecimentos oriundos das diversas disciplinas que colaboram com os estudos urbanos (Geografia e Sociologia, principalmente, mas também Economia, Antropologia Social e outras mais), além de abordagens e técnicas de planejamento e de gestão urbanos: tudo isso será mobilizado dentro de uma tentativa de explicar o que faz das cidades locais bons ou ruins para se viver e como surgem e se agravam – e como podem ser enfrentados – os problemas urbanos.

Diferentemente das ciências naturais, não se tratará, aqui, de tomar um punhado de verdades estabelecidas (ainda que apenas provisoriamente, é lógico), simplificá-las e colocá-las ao alcance dos não-especialistas. A respeito de grande parte dos assuntos abordados nas ciências sociais, controvérsias derivadas de visões de mundo divergentes são parte integrante e constante do espetáculo – o que não é, bem ao contrário do que comumente se pensa, necessariamente um problema, podendo ser, isso sim, algo altamente estimulante. Assim como estimulante é, também, o desafio de dar conta de um objeto tão rapidamente mutável e sempre surpreendente (pense-se na velocidade de mudança e na capacidade de nos surpreender inteiramente que são típicas de fenômenos sociais os mais variados, e compare-se isso à dinâmica da crosta terrestre ou, mais ainda, às leis da Física: é mais ou menos como a diferença entre pegar um trem parado ou quase parado e tentar pegar um trem a 100 km/h...). Por isso, não se buscará passar para o leitor a impressão de que o autor é um adulto ensinando a uma criança coisas difíceis de modo simples, sobre as quais os especialistas já se puseram de acordo há muito tempo. O leitor será tratado como um cúmplice e como um companheiro de jornada, convidado a tirar suas próprias conclusões e, ao mesmo tempo, confrontado com os resultados de décadas de pesquisa. Pesquisas essas que, se por um lado merecem respeito (é uma eterna tentação, e não só por parte dos leigos, descartar ou afrontar os resultados de investigações criteriosas, às vezes árduas, com base somente em intuições pretensamente geniais embaladas em atraente retórica), não devem ser objeto de adoração. O conhecimento científico sobre a sociedade é, "tão-somente", por mais refinado e complexo que seja – ao tentar integrar e dar conta das relações entre uma enorme quantidade de fatores e elementos atinentes a diferentes fenômenos operando em distintas escalas –, um conhecimento elaborado a partir de saberes, significados e práticas socialmente produzidos. Saberes, significados e práticas esses que dizem respeito, o mais das vezes diretamente (diferentemente, digamos, de pesquisas em Astrofísica), aos problemas e dilemas com os quais a sociedade se vê confrontada, incluindo mesmo, em grande parte, os problemas mais quotidianos. Falar sobre eles e ser informado sobre eles é direito de todos, porque direito de todos é participar das decisões que os envolvam. No mínimo tanto quanto o saber das ciências naturais, o saber das ciências da sociedade precisa, regularmente, ser ressocializado de forma transparente e democrática. Para variar, essa não é uma questão científica: é *ética* e *política*. O que não a faz menos digna de reflexão por parte de todos os cientistas.

• • • • •

Agora, alguns esclarecimentos ao leitor sobre a estrutura e o estilo deste livro.

É claro que, em um livro como este, que não foi escrito para especialistas, deve-se evitar, ao máximo, o uso de termos técnicos. Entretanto, nem sempre isso é possível, e algumas vezes tampouco é aconselhável. Em vez de explicar o sentido de determinadas palavras e apresentar certos conceitos em notas de rodapé, preferi fazê-lo ao final do texto, sob a forma de um glossário onde os termos técnicos se acham todos reunidos. Sempre que uma palavra aparecer em itálico, precedida pelo símbolo →, o leitor deve consultar a seção **Termos técnicos explicados**. O símbolo só foi utilizado, porém, quando da primeira aparição da mesma palavra no texto.

A bibliografia não foi citada, no corpo do texto, dentro dos padrões acadêmicos convencionais, para tornar a leitura mais escorreita e menos pesada. Quando algum nome de autor for mencionado, porém, o leitor irá, normalmente, encontrá-lo também ao final do livro, na seção **Bibliografia comentada**. É evidente que um texto como o presente, que aborda assuntos bem diversificados a respeito da dinâmica urbana, dos problemas das cidades e das tentativas de enfrentamento desses problemas, toca em temas que vêm sendo estudados há gerações. Por outro lado, este livro não é um tratado, mas sim uma obra de divulgação. Por essa razão, a bibliografia foi restringida a alguns trabalhos fundamentais, de acesso relativamente fácil para o leitor interessado. As referências são quase todas em língua portuguesa, e sempre se trata de livros, nunca de artigos publicados em algum periódico especializado e de difícil acesso. O motivo é simples: não se desejou, com a bibliografia, demonstrar erudição, mas, realmente, orientar e ajudar o leitor (presumivelmente, um leigo ou, na melhor das hipóteses, um estudante de graduação dos primeiros períodos) interessado em aprofundar o seu conhecimento.

• • • • •

O presente livro deriva de uma significativa experiência de pesquisa do autor no campo dos estudos urbanos. E, no entanto, diferentemente dos meus livros anteriores, não foi algum projeto em particular, ou um conjunto de projetos, que forneceu a inspiração e o contexto mais imediato para a feitura do trabalho. Complementarmente àquilo que escrevi páginas atrás, posso dizer que a inspiração foram as minhas muitas tentativas de explicar, para leigos e para estudantes de graduação (os quais, ao menos quando se encontram nos períodos iniciais, muitas vezes não apresentam uma bagagem de conhecimento específico significativamente superior à de muitos leigos), conceitos, teorias, processos empíricos e instrumentos de planejamento. Traduzir em linguagem clara todo um acervo acumulado de conhecimentos, sobre a base de minhas próprias pesquisas ou das de colegas próximos ou distantes, de modo a informar um grande público, foi o desafio que motivou a empreitada que se corporificou no livro que o leitor tem diante si. Por isso, vou dispensar os agradecimentos de praxe a agências de fomento, assistentes de pesquisa etc. O grande agradecimento vai, isso sim, para as involuntárias "cobaias" preferenciais de sempre: meus alunos da Universidade Federal do Rio de Janeiro, notadamente os de graduação. Uma "provadora" muito especial foi a economista-mais-que-economista (felizmente!) Claudia Bisaggio Soares, que, lendo a primeira versão do manuscrito, me ajudou, com seus olhos de "semileiga", a aperfeiçoar o estilo e, mais que isso, a aprimorar certas argumentações; a ela o meu muito obrigado. Afora isso, a lembrança de algumas conversas que mantive com colegas estudiosos do urbano e da urbanização, ao longo dos últimos anos, contribuiu para que eu ficasse particularmente atento com relação à necessidade de ser bastante claro no momento de expor certas idéias e certos argumentos. Meu intercâmbio com o colega e amigo Pedro de Almeida Vasconcelos, professor do Departamento de Geografia da UFBA, a respeito da pertinência ou não de se aplicar o termo "segregação (residencial)" ao caso brasileiro, é um exemplo disso (embora eu persista em discordar de Pedro, que preferiria utilizar a palavra "exclusão", que me parece perigosa). A esses interlocutores (e, certamente, também a outros) devo, sem dúvida, estímulos importantes.

• • • • •

Ah, mais uma coisinha. Quando, no título deste prefácio, assim como em outras partes do livro, eu me refiro *ao* leitor, usando apenas o gênero masculino, isso não é machismo. Estou presumindo – e, acima de tudo, desejando – ter, também, muita*s* leitora*s*. O objetivo, ao escolher só um gênero, foi o de simplificar, evitando ter de recorrer, a todo momento, à construção "o(a) leitor(a)", a qual tornaria pesado um texto cuja vocação é, precisamente, a de ser leve. Quanto ao fato de eu, ao simplificar, ter escolhido, justamente, o gênero masculino, isso se deu por uma questão de costume, da mesma maneira como, em português, nos referimos "ao homem" ou "aos homens", tantas vezes, querendo dizer, simplesmente, a espécie humana. Espero não deixar nenhuma leitora zangada por causa disso. E, afinal de contas, este livro é dedicado, como o anterior também foi, a uma (possível) futura leitora: minha filhinha, Larissa.

Rio de Janeiro, dezembro de 2002.
M.L.S.

INTRODUÇÃO

Refletindo sobre as cidades, seus problemas e as maneiras de superá-los

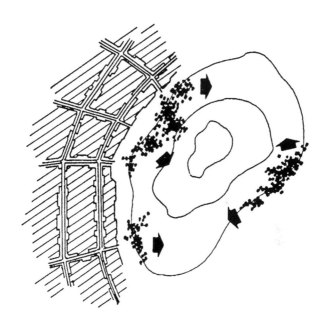

De acordo com o Censo Demográfico de 2000 do IBGE, cerca de 82% da população brasileira viviam, naquela ocasião, em espaços considerados como urbanos (cidades e vilas). É bem verdade que esse dado não é lá muito confiável, já que, devido a um problema conceitual e metodológico, mesmo vilas e "cidades" com poucas centenas de habitantes e nítidas características de aglomerado rural são classificadas como urbanas. Mas, seja como for, o fato é que o

Brasil é, realmente, um país predominantemente urbano, e que se urbaniza mais e mais, em grande velocidade. A América Latina, aliás, é um continente bastante urbanizado, em comparação com outras partes do que ainda se costuma chamar de "Terceiro Mundo": mais de três quartos da sua população vivem em áreas consideradas como urbanas. O grau de urbanização do planeta como um todo tem, também, crescido sem cessar: estimativas apontam o percentual da população mundial vivendo em núcleos com mais de 5.000 habitantes (o que, *muito* simplificada e generalizadamente, pode-se tomar como a parcela da população do globo vivendo em espaços urbanos) como sendo de apenas cerca de 3% em 1800, um pouco mais de 6% em 1850, entre 13% e 14% em 1900, um pouco mais de 28% em 1950 e um pouco mais de 38% em 1970. Hoje em dia, cerca da metade da população do globo vive em espaços urbanos, e a proporção aumenta incessantemente. Antes de 1850, informa-nos Kingsley Davis (ver **Bibliografia comentada**), nenhuma sociedade poderia ser considerada como predominantemente urbana, e por volta de 1900 só a Grã-Bretanha o era. Hoje, um século depois, somente no grupo dos países de mais baixo nível de desenvolvimento econômico (principalmente na África ao sul do Sahara e na Ásia das monções) é que ainda preponderam os países cuja população é predominantemente rural.

Contudo, não é o simples fato de que a população urbana aumenta em proporção e em tamanho absoluto, em praticamente qualquer escala que se considere (mundo, "Terceiro Mundo", América Latina, Brasil...), que tem feito as atenções de todos se voltarem, nas últimas décadas, cada vez mais para as cidades e seus problemas. É o fato, isso sim, de que a vida em muitas cidades, para não dizer em quase todas elas, tem sido percebida com um misto de sentimento de orgulho e satisfação, por um lado, e descontentamento e frustração, e até mesmo medo, por outro. A cidade, especialmente a grande cidade de um país periférico ou semiperiférico (→ *países periféricos, semiperiféricos e centrais*), é vista como um espaço de concentração de oportunidades de satisfação de → *necessidades básicas* materiais (moradia, saúde...) e imateriais (cultura, educação...), mas, também, como um local crescentemente poluído, onde se perde tempo e se gastam nervos com engarrafamentos, onde as pessoas vivem estressadas e amedrontadas com a violência e a criminalidade.

Apesar da gravidade dos problemas constatados no dia-a-dia da vida de qualquer morador de cidade grande (e, cada vez mais, também média) brasileira, o leitor leigo que se dirigir a uma livraria buscando uma obra para informar-se sobre a natureza das questões envolvidas, a gênese e as causas das dificuldades e as possibilidades de promoção de cidades mais justas e agradáveis irá, provavelmente, se desapontar. Discussões sobre esses assuntos não têm faltado, mas têm ficado excessivamente confinadas em um ambiente acadêmico ou de profissionais de planejamento urbano. As obras disponíveis sobre esses temas foram escritas por especialistas e para especialistas (e estudantes universitários destinados a se tornarem profissionais da área). Ao grande público restam, assim, principalmente, as opiniões, análises e impressões veiculadas pela imprensa, da autoria de jornalistas, políticos e administradores públicos, e só uma vez ou outra também de pesquisadores de temas urbanos e profissionais de planejamento urbano. Ocorre, porém, que, não apenas devido ao fato de que as análises de jornalistas e políticos costumam não primar pelo rigor, mas, ainda por cima, em decorrência da brevidade e da superficialidade quase que impostas pelo tipo de veículo de divulgação (jornal, revista, televisão ou rádio), há uma enorme carência de análises que, sem serem, necessariamente, "complicadas", sejam corretas, profundas e abrangentes. Conforme eu já disse na "conversa preliminar com o leitor", é esse tipo de lacuna que o presente livro quer ajudar a preencher.

Refletir sobre as cidades e seus problemas significa refletir sobre algo a respeito do que muita gente acha que tem "a" resposta na ponta da língua. "O problema é a falta de planejamento", costuma-se ouvir; "essas cidades cresceram demais, é preciso livrar-se de uma parte da população", dizem outros, normalmente sem explicar como seria a forma mais adequada de "livrar-se" de um suposto "excedente populacional"; "a partir de um milhão de habitantes qualquer cidade torna-se insuportável", asseveram vários, com ar de quem está de posse da verdade suprema e inquestionável; "é preciso impedir a formação de novas → *favelas*", clamam não poucos, ao que outros ou eles mesmos acrescentam ser imperativo remover as favelas já existentes (afinal, as favelas são, para tantos moradores da classe média e abastados, "antros de marginais", ameaças constantes à paz na cidade e ao valor dos imóveis de sua propriedade). Que respostas, entretanto, são essas? Ao observá-las com rigor e atenção, pode-se notar que abrigam estereótipos, clichês, preconceitos lamentáveis e perigosos, na esteira de equívocos e simplificações. A mídia, muitas vezes, mais contribui para reproduzir e amplificar visões distorcidas que para corrigi-las. Entender a cidade e as causas de seus problemas é uma tarefa muito menos simples do que se poderia imaginar. E entender corretamente a cidade e as causas de seus problemas é uma condição prévia indispensável à tarefa de se delinearem estratégias e instrumentos adequados para a superação desses problemas. Só que informar-se sobre essa temática não deve ser visto como tarefa somente para especialistas: ainda que apenas em um nível muito aproximativo e genérico, os indivíduos não versados no assunto precisam conhecer corretamente as causas dos problemas dos espaços onde vivem e as linhas gerais dos debates correntes sobre como superar os diversos problemas. Essa é a única maneira de participar mais ativamente, como *cidadão*, da vida da cidade, não se deixando tutelar e infantilizar tão facilmente por políticos profissionais e técnicos a serviço do aparelho de Estado.

1. O que faz de uma cidade uma *cidade*?

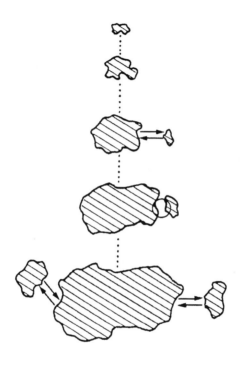

Definir é uma coisa que nada tem de muito simples, pois exige um razoável, às vezes até mesmo um elevado (dependendo da complexidade daquilo que se deve definir) poder de abstração. "Abstração" e "abstrato" não são termos pejorativos, ao contrário do que muitos pensam. Raciocinar abstratamente significa buscar coisas em comum, ou *regularidades*, entre coisas diferentes. Essas "coisas" podem ser objetos, podem ser comportamentos, podem ser processos históricos... Por exemplo: se eu falo "cão", estou lidando com um nível de abstração maior do que quando falo "pastor alemão", e muito maior ainda do que quando falo do "meu cão Rex, que é um pastor alemão". O "meu cão Rex" situa-se em um nível eminentemente concreto, e expressa, inclusive, uma *singularidade*, ou seja, uma coisa que é única (pois aquele cão chamado Rex, que é o meu, é único, no sentido de que só existe um); já "cão" situa-se em um nível muito geral, pois existem muitos milhões de cães no mundo, pertencentes a numerosíssimas raças. As definições científicas, normalmente, se referem a fenômenos bastante ou até mesmo extremamente gerais, ou mesmo universais, como se dá, em especial, nas ciências naturais. Ninguém se interessaria em construir um conceito a propósito de algo que seja único. Nas ciências, mesmo nas sociais, a pesquisa de relações é parte essencial do trabalho, e as comparações, menos ou mais explícitas, menos ou mais intensas, dificilmente podem estar completamente ausentes. O singular e o particular devem ser entendidos à luz do que é geral (o que não significa, absolutamente, que apenas o que é geral interessa: é necessário, sempre, analisar as variações, as especificidades e as suas causas, e inclusive considerar os fenômenos singulares).

A cidade é um objeto muito complexo e, por isso mesmo, muito difícil de se definir. Como não estou falando de um determinado tipo de cidade, em um momento histórico particular, é preciso ter em mente aquilo que uma cidade da mais remota Antigüidade e cidades contemporâneas como, digamos, Cairo, Nova Iorque e Tóquio, mas também uma pequena cidade do interior brasileiro ("uma dessas cidades tão pacatas que nem têm lugares que não devam ser freqüentados", para recordar uma frase do humorista Millôr Fernandes), têm em comum, para encontrar uma definição que dê conta dessa imensa variação de casos concretos. Conceituar o que seja um cão é, seguramente, uma tarefa menos espinhosa...

O economista e geógrafo alemão Walter Christaller, no seu livro *Lugares centrais na Alemanha Meridional*, onde expôs a sua famosa "teoria das localidades centrais", já havia registrado (em 1933!), em uma nota de rodapé, a existência de uma "numerosa literatura sobre o conceito de cidade". Numerosa e, como ele também mostrou, prenhe de controvérsias. A literatura a respeito do assunto "cidades" e, conseqüentemente, também as discussões sobre o conceito de cidade, aumentaram exponencialmente no decorrer do século XX. O nível de controvérsia a respeito do conceito, porém, não diminuiu – pelo contrário. Assim sendo, não seria uma temeridade pretender, em um livro de divulgação científica, enfrentar tema tão delicado? Sem dúvida, é uma temeridade. Mas, que fazer? É preciso que nos entendamos, minimamente, sobre o conceito de uma realidade a respeito de cujos problemas e suas possíveis soluções pretende-se discorrer. O jeito, então, é advertir o leitor para o fato, inevitável, de que o que se pode fazer, aqui, é, meramente, uma *aproximação*, com uma forte dose de generalização embutida.

Para o sociólogo Max Weber, em um escrito seminal sobre a natureza das cidades, publicado originalmente em 1921 (vide a coletânea organizada por Otávio Velho, na **Bibliografia comentada**), a cidade é, primordial e essencialmente, um *local de mercado*. Apesar de nem todo "local de mercado" ser uma cidade (basta pensar, como ele sugere, em mercados periódicos tendo lugar em aldeias, isto é, assentamentos não-urbanos), toda cidade é um local de mercado, onde se dá um intercâmbio regular de mercadorias.

Pouco mais de uma década após a publicação daquele escrito de Weber, o já citado Christaller deu uma contribuição importante, introduzindo o conceito de *localidade central*. Toda cidade é, do ponto de vista geoeconômico, isto é, das atividades econômicas vistas a partir de uma perspectiva espacial, uma localidade central, de nível maior ou menor de acordo com a sua *centralidade* – ou seja, de acordo com a quantidade de bens e serviços que ela oferta, e que fazem com que ela atraia compradores apenas das redondezas, de uma região inteira ou, mesmo, de acordo com o nível de sofisticação do bem ou serviço, do país inteiro e até de outros países. A *aldeia* (ou, para adaptar à realidade brasileira, o *povoado*, já que aldeia é um termo que, entre nós, remete, em primeiro lugar, a assentamentos indígenas), diversamente, não é uma localidade central. A natureza da aldeia, ou do povoado, é mais "centrífuga", para usar um termo de Christaller, porque as atenções de seus moradores estão voltadas para as suas bordas (onde começam os campos de cultivo), do que "centrípeta", como ocorre com a cidade, onde a área central de negócios (em inglês, *central business district*, ou CBD), ou o seu embrião, atrai os consumidores de todo o tecido urbano, fazendo com que as atenções dos citadinos se voltem para o centro do assentamento, e não para as suas franjas. (Uma observação: um autor norte-americano, C. C. Colby, usou, também na década de 30, as mesmas expressões "centrífugo" e "centrípeto", mas para referir-se a outra coisa: às forças que estimulam a descentralização das atividades econômicas na escala da cidade, dando origem, por exemplo, ao aparecimento dos chamados *subcentros de comércio e serviços*.)

Além do mais, as cidades são assentamentos humanos extremamente diversificados, no que se refere às atividades econômicas ali desenvolvidas, diferentemente dos assentamentos rurais que são as aldeias e os povoados. A vida econômica da aldeia ou do povoado gira em torno da agricultura e da pecuária, às vezes do extrativismo mineral, quer dizer, daquelas atividades econômicas que, por excelência, definem uma identidade geoeconômica, ou seja, econômico-espacial, própria do campo, em contraposição à cidade. Na aldeia ou no povoado, produtos agropecuários são estocados provisoriamente e, eventualmente, sofrem algum tipo de beneficiamento, o mais das vezes preliminar. O comércio de aldeia ou povoado é rudimentar, e é voltado para o auto-abastecimento local. Os gêneros agropecuários produzidos pelos aldeões ou moradores do povoado são, eles sim, freqüentemente destinados a um mercado maior, onde serão, muitas vezes, processados e industrializados, sendo, posteriormente, reenviados a muitos outros mercados. Por outro lado, os aldeões ou moradores do povoado, enquanto consumidores, precisam, para adquirir qualquer coisa que não seja produzida por eles mesmos ou que ultrapasse aquilo que constitui os gêneros de consumo mais rotineiro (certos alimentos, dentre outras coisas), mas que não são produzidos pela própria família, dirigir-se à cidade mais próxima, às vezes a uma cidade maior e mais distante, dependendo do bem ou serviço que procuram.

Em contraste, as cidades possuem uma certa centralidade econômica. Sua área de influência pode, muitas vezes, não ir além dos limites territoriais da unidade político-administrativa local da qual ela é a sede (no caso brasileiro, o município). Todavia, basta ela polarizar, economicamente, o seu entorno imediato, ou seja, as cidades vizinhas, para que sua área de influência já possa ser considerada digna de nota.

A cidade é, sob o ângulo do uso do solo, ou das atividades econômicas que a caracterizam, um espaço de produção não-agrícola (ou seja, manufatureira ou propriamente industrial) e de comércio e oferecimento de serviços. Bem, até aí "morreu Neves", pode o leitor dizer; afinal, nada mais óbvio que o fato de que a cidade, qualquer que seja ela, não é um espaço que se caracterize pelas → *atividades primárias*. Ocorre, porém, que a coisa não é tão simples assim. Não é tão simples, não tanto porque, às vezes, podem ser encontradas, como minúsculas ilhotas em meio a um oceano de espaço construído, "extravagâncias espaciais" como plantações de hortaliças, verduras e legumes (olericultura), desenvolvidas debaixo de torres de altas tensão – ou seja, em terrenos que, dificilmente se prestariam para qualquer outro aproveitamento econômico. Esse tipo de "extravagância espacial" se vê, ainda hoje, em alguns subúrbios do Rio de Janeiro, cidade onde moro e trabalho, e com a qual estou mais familiarizado. Não, decididamente a coisa não é tão simples, principalmente, porque, nas bordas da cidade, é comum existir uma "faixa de transição" entre o uso da terra tipicamente rural e o urbano. Essa faixa de transição é chamada, entre os geógrafos anglo-saxões, de *franja rural-urbana*, e, entre os franceses, comumente, de *espaço periurbano*. No Brasil ambas as expressões são empregadas pelos estudiosos. Quanto maior a cidade, em geral, mais complexo tende a ser o espaço periurbano. Nele se encontram misturadas duas "lógicas", por assim dizer, de uso da terra: a rural e a urbana. A "lógica" rural é a da terra enquanto terra de trabalho para a agricultura e a pecuária; o solo, aqui, tem valor não apenas devido à *localização do terreno*, mas, também, um valor *intrínseco*, devido às diferenças de fertilidade natural. Já a "lógica" urbana é a do solo enquanto um simples suporte para atividades que independem de seus atributos de fertilidade: produção industrial (indústria de transformação e construção civil), → *atividades terciárias*, habitação e circulação (ruas, avenidas etc.). O que pode confundir é que, na franja rural-urbana, muitas vezes a face visível do espaço (a paisagem) continua tendo um aspecto "rural", às vezes até belamente bucólico – algumas plantações, muito verde, grandes espaços servindo de pastagem para algumas cabeças de gado –, quando, na verdade, por trás disso se verifica uma presença insidiosa e cada vez mais forte da "lógica" urbana de uso do solo. Grandes áreas servindo de pastagem para umas tantas cabeças de gado, por exemplo, nada mais são, freqüentemente, que uma "maquiagem" para glebas mantidas como reserva de valor por empreendedores urbanos; são, assim, terras de especulação, "em pousio social", por assim dizer, e que serão convertidas, depois de muitos anos ou mesmo após algumas décadas, em loteamentos populares ou condomínios fechados de alto *status*, dependendo de sua localização. Nem tudo aquilo que parece ser, por conseguinte, de fato é, em matéria de espaço periurbano... (Ver, para uma contextualização mais apropriada do espaço periurbano na cidade, o Cap. 4, *A cidade vista por dentro*.)

Além de tudo isso, a cidade é, igualmente, um "centro de gestão do território", por sediar as empresas. Porém, nem tudo se resume à economia! A *cultura* desempenha um papel crucial na produção do espaço urbano e na projeção da importância de uma cidade para fora de seus limites físicos, assim como o *poder*. A cidade é um centro de gestão do território não apenas enquanto sede de empresas (privadas e estatais), mas também enquanto sede do poder religioso e político. Além do mais, uma cidade não é apenas um local em que se produzem bens e onde esses bens são comercializados e consumidos, e onde pessoas trabalham; uma cidade é um local onde pessoas se organizam e interagem com base em interesses e valores os mais diversos, formando grupos de afinidade e de interesse, menos ou mais bem definidos territorialmente com base na identificação entre certos recursos cobiçados e o espaço, ou na base de identidades territoriais que os indivíduos buscam manter e preservar.

Uma questão interessante, a respeito do conceito de cidade, é a seguinte: existe um "tamanho mínimo" para se poder falar de cidade? E, se existe, qual é ele? A partir de mil, cinco mil, dez mil habitantes? A resposta a isso é bem menos simples do que se poderia pensar. Cada país adota os seus próprios critérios oficiais para estabelecer o que é uma cidade – ou, mais amplamente, um núcleo tido como propriamente urbano –, distinguindo as cidades de núcleos rurais como aldeias e povoados. Isso faz muito sentido, quando se tem em mente que, em um país onde predomina um quadro em que a população rural é rarefeita e vive dispersa, um aglomerado de umas tantas centenas de habitantes pode já apresentar funções urbanas, enquanto que, em outro país, no qual a densidade demográfica do campo é muito elevada e a população rural vive concentrada em aldeias, um núcleo de uns tantos milhares de habitantes bem pode ser, basicamente, rural. Fixar um limite mínimo, em matéria de número de habitantes, como forma de se estabelecer o que é cidade e o que não é, em um determinado país, é o jeito mais cômodo de se enfrentar a tarefa prática de distinguir entre núcleos urbanos e rurais, e pode não dar em resultados ruins, desde que se proceda a isso tomando por fundamento um conhecimento sólido da realidade sócio-espacial do país em questão. No entanto, essa solução ajuda muito pouco na hora de se entender o que é uma cidade, problema esse antes de ordem qualitativa que quantitativa.

Além da estipulação de limites demográficos mínimos há, também, critérios "funcionais" muito vagos, que deixam tudo em aberto: é o caso do Brasil, onde núcleos urbanos são as *cidades* e as *vilas*, sendo que as primeiras são sedes de municípios e as segundas são sedes de distritos (subdivisões administrativas dos municípios). E, de fato, nenhum outro conteúdo se associa a essa "definição" brasileira oficial de cidade e de vila: é certo, sem dúvida, que uma vila, que sedia um simples distrito, é menor que uma cidade, que sedia todo um município; mas, a elevação de uma vila à categoria de cidade, na esteira da emancipação do distrito e criação de um novo município (pois, se um município pode comportar vários distritos e, portanto, diversas vilas, não pode haver um município com duas cidades), é um processo essencialmente político. Uma cidade pode ter, assim, muitos milhões ou apenas uns poucos milhares de habitantes, e uma simples vila de um município populoso pode ser maior que a cidade que sedia um outro município, em outra região...

É de se esperar, evidentemente, como eu já disse, que os critérios façam sentido e reflitam, ao menos substancialmente, a realidade do país em questão (no caso do Brasil, como se pode ver, o tipo de critério adotado se presta pouco a esse tipo de consideração). Entretanto, que "realidade" é essa que os limites formais adotados na maioria dos países deveriam, de algum modo, refletir? Uma cidade, para ser uma cidade, precisa, mais que possuir um dado número de habitantes x ou y, apresentar uma certa *centralidade econômica* (e, adicionalmente, também política) e algumas *características econômico-espaciais* que a distinguem de um simples núcleo formado por lavradores ou pastores, agrupados, em um *habitat* rural concentrado, por questões históricas ligadas a tradições ou à segurança. Em uma cidade (ou, mais amplamente, em um núcleo urbano) se concentram classes sociais não vinculadas, diretamente, à agricultura ou à pecuária, como os capitalistas, os trabalhadores (industriais, do comércio etc.) e os profissionais liberais. Daí decorre que as atividades econômicas ali desenvolvidas serão diferentes das que se podem encontrar em um mero povoado rural; já se viu que a vida econômica da aldeia e do povoado gravita em torno da agricultura e da pecuária, e que na aldeia e no povoado o comércio e os serviços são simplérrimos e voltados para o auto-abastecimento local, reduzindo-se a bens de consumo muito rotineiro (aliás, muitos bens que os moradores de uma cidade, especialmente de uma grande cidade, compram no comércio de bairro, em uma aldeia ou povoado costumam ser feitos em casa pelos próprios habitantes, como o pão e outros alimentos). Na cidade, em contraste com isso, a vida econômica é diversificada, e tão mais diversificada quanto maior for a cidade. Ou quase...

Na verdade, a diversificação das atividades econômicas da cidade não depende só do seu tamanho demográfico, do seu número de habitantes. Ela ocorre, também, muito em função da *renda* das pessoas que lá moram (tanto da renda média quanto, evidentemente, da sua distribuição), além de outros fatores histórico-culturais. Além da diversidade econômico-espacial, também a *sofisticação* dos bens e serviços ofertados no núcleo urbano terá muito a ver com a renda média da população. E, por fim, a centralidade econômica, e, por conta disso, o *status* do núcleo como um centro de gestão do território, terá, igualmente, não só a ver com a quantidade de habitantes, mas, também, com a renda dos habitantes e outros fatores. Uma cidade média em uma região pobre, como o Nordeste brasileiro, tenderá a não apresentar comércio e serviços tão diversificados e sofisticados quanto uma cidade de mesmo porte em uma região mais próspera, com uma presença bem mais expressiva de estratos de renda médios, como o interior de São Paulo ou o Sul do país, por exemplo. E essa mesma cidade localizada em uma região brasileira comparativamente próspera, se comparada a uma cidade de mesmo porte da Alemanha, se mostrará muito menos diversificada e sofisticada: uma cidade de 100.000 habitantes, mesmo em áreas relativamente prósperas do Brasil, não costuma oferecer certos bens e serviços tipicamente presentes em cidades alemãs do mesmo porte: serviços médicos altamente especializados, espetáculos teatrais – e, não raramente, às vezes até comércio e serviços menos sofisticados, abundantemente presentes em uma cidade alemã desse porte, como livrarias, estão quase ou totalmente ausentes de uma cidade média-pequena brasileira. O tamanho demográfico, assim, muito pouco explica sozinho: o que explica as características econômico-espaciais, em matéria de diversificação, sofisticação e centralidade, é o que ela representa enquanto *mercado* – o tamanho do mercado potencial, é claro, mas também o nível e a distribuição da renda e as características culturais dos consumidores.

Resumindo: no que diz respeito às cidades, pode-se dizer, se me permitem a brincadeira, que, de maneira semelhante ao tipo de resposta que os sexólogos costumam dar para indivíduos do sexo masculino, atormentados com certas preocupações a respeito de sua, digamos, performance sexual, "tamanho *não* é documento", ou só o é até certo ponto – já que isso, por si só, não basta, ou de muito pouco adianta isoladamente...

Ainda a propósito do assunto tamanho demográfico, pode-se complementar o que se disse anteriormente neste capítulo com uma discussão introdutória sobre a questão da *hierarquia urbana*, a ser complementada no Cap. 3, *Da cidade individual à rede urbana*. Todos já ouviram falar em *metrópoles* e *megalópoles*. Essas palavras revestem, por um lado, *conceitos*, usados há décadas por estudiosos dos problemas urbanos e do planejamento e gestão das cidades, mas, ao mesmo tempo, são usadas popularmente, pela imprensa e pelo grande público, freqüentemente sem qualquer rigor. É bem verdade que, mesmo entre pesquisadores e estudiosos, persistem algumas controvérsias conceituais ou operacionais; é possível e necessário, seja lá como for, fornecer, aqui, um esclarecimento geral baseado em conhecimentos que são, hoje em dia, largamente consensuais entre aqueles que estudam as cidades.

Costuma-se pensar em uma cidade como uma entidade isolada e fortemente individual: a cidade x (uma cidade qualquer, hipotética) foi fundada em algum momento, há alguns ou muitos séculos, cresceu, sofisticou-se... Ocorre que as cidades, muito freqüentemente, situam-se tão próximas umas das outras que a interação entre elas vai, à medida que crescem e se relacionam mais e mais entre si, sofrendo uma transformação importante. Com o tempo, já não se trata mais, apenas, de que os bens produzidos em uma são vendidos na outra, ou de que os habitantes de uma buscam certos serviços mais especializados na outra, ou, ainda, de que eventuais instituições político-administrativas, legislativas, judiciárias, religiosas ou militares, sediadas em uma, exerçam seu poder também sobre a outra. O que vai ocorrendo é que elas se situam tão próximas e os vínculos entre elas se tornam tão intensos que certos fluxos passam a "costurá-las" muito fortemente e, no fundo, elas passam a existir como se fossem uma só, ao menos sob vários aspectos. No caso, o fluxo mais significativo é o de trabalhadores assalariados, que residem em uma cidade e trabalham em outra: é o que se chama de *movimento pendular diário* (local de residência → local de trabalho → local de residência), ou *commuting* em inglês. Em algumas situações, são os próprios tecidos urbanos de uma e de outra que, em dado momento, se encontram e se juntam; tem-se, então, o fenômeno da → *conurbação*. A partir daí, está-se diante de uma única mancha urbana, ainda que espraiada por dois ou mais municípios – o que significa que, formalmente, continuam existindo várias cidades, cada uma sede de um município diferente.

Uma *aglomeração urbana* se forma quando duas ou mais cidades passam a atuar como um "minissistema urbano" em escala local, ou seja, seus vínculos se tornam muitíssimo fortes, no sentido acima exposto. Em várias situações, tem lugar também uma conurbação, embora não seja necessário que isso aconteça para se estar diante de uma aglomeração. O importante é que nenhuma das cidades envolvidas pode ser muito grande, a ponto de satelitizar completamente as demais à sua volta e possuir uma área de influência regional (ou, às vezes, nacional e internacional). Aglomerações se compõem, tipicamente, de duas ou mais cidades médias e pequenas. Exemplos de aglomerações urbanas são abundantes no Brasil atual: Volta Redonda-Barra Mansa (RJ), São José dos Campos-Caçapava-Jacareí (SP), Taubaté-Tremembé (SP), Cuiabá-Várzea Grande (MT), Ipatinga-Coronel Fabriciano-Timóteo (MG), Juazeiro do Norte-Crato-Barbalha (CE), dentre outras tantas. O mapa da figura 1 traz para o leitor a localização dessas aglomerações, cujos nomes aparecem, lá, simplificados por meio da menção apenas a um dos municípios que compõem a aglomeração em questão.

Se uma das cidades que formam uma aglomeração urbana crescer e se destacar demais, apresentando-se como uma cidade grande e com uma área de influência econômica, pelo menos, regional, então não se está mais diante de uma simples aglomeração, mas de uma *metrópole*. Uma metrópole é, também, por conseguinte, um "minissistema urbano" em escala local, polarizado, esse sistema, por uma cidade principal, que abriga o *núcleo metropolitano* (esse conceito será explicado no Cap. 4). Conurbações são freqüentes, mas não são estritamente necessárias, da mesma maneira como não são imprescindíveis no caso das aglomerações submetropolitanas: núcleos urbanos isolados podem e costumam fazer parte das metrópoles. O importante é que todos os espaços urbanos se achem fortemente "costurados", especialmente com a ajuda da "linha" mais importante, sob esse aspecto, que são os deslocamentos diários de trabalhadores, grande parte dos quais trabalha no núcleo metropolitano e reside nas cidades vizinhas a este. Metrópoles são realidades sócio-espaciais que, na maioria dos países, passam a ter sua existência formalmente reconhecida: são chamadas, nos EUA, de *áreas metropolitanas* (ou, mais precisamente, "áreas metropolitanas estatísticas padrão") e, no Brasil, *regiões metropolitanas*. O termo *região*, adotado no Brasil, não é, diga-se de passagem, lá muito rigoroso, pois uma região, conforme tende a concordar a maioria dos autores, é um espaço de dimensões normalmente maiores, situado entre a escala nacional (o país) e a escala local (a cidade ou município, ou mesmo uma aglome-

Figura 1

BRASIL: PRINCIPAIS AGLOMERAÇÕES E METRÓPOLES E A MEGALÓPOLE SÃO PAULO-CAMPINAS-SANTOS

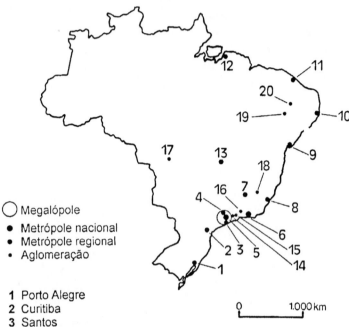

○ Megalópole
● Metrópole nacional
● Metrópole regional
· Aglomeração

1 Porto Alegre
2 Curitiba
3 Santos
4 Campinas
5 São Paulo
6 Rio de Janeiro
7 Belo Horizonte
8 Vitória
9 Salvador
10 Recife
11 Fortaleza
12 Belém
13 Brasília
14 São José dos Campos
15 Taubaté
16 Volta Redonda
17 Cuiabá
18 Ipatinga
19 Petrolina
20 Juazeiro do Norte

ração ou uma metrópole); uma área metropolitana corresponderia, mais corretamente, a uma escala "local ampliada", especialmente no caso de um país grande. Isso, porém, não é o maior problema: a dificuldade é quando se quer elevar ao *status* de metrópole, ao se criarem regiões metropolitanas formais, realidades que, no fundo, não passam de aglomerações, pois não possuem nem uma complexidade, nem uma área de influência que justifique isso.

No Brasil, foram criadas, na década de 70, nove regiões metropolitanas: Belém, Fortaleza, Recife, Salvador, Belo Horizonte, Rio de Janeiro, São Paulo, Curitiba e Porto Alegre. Não resta dúvida de que se tratava de reconhecer, formalmente, a existência de metrópoles de fato. Mesmo Belém, cuja região metropolitana era, à época, restrita a dois municípios (além de Belém, Ananindeua) e não possuía complexidade lá muito grande, apresentava grande centralidade, pois sua hinterlândia (região de influência) se espraiava pela imensa área da Amazônia. A razão desse reconhecimento formal das metrópoles era dupla: explicitamente, tornar mais racional, sob o ângulo econômico, a prestação dos chamados *serviços de interesse comum*, isto é, serviços que interessam a mais de um município e que podem ser mais inteligentemente oferecidos por meio de uma gestão integrada, como a destinação do lixo, o abastecimento de água, a proteção ambiental e outros mais; para isso foi criada, em cada região metropolitana, um órgão de planejamento e gestão. Mas havia, também, um objetivo não revelado por trás da criação das regiões metropolitanas: um objetivo de "geopolítica interna", que dizia respeito ao interesse do regime instalado pelo golpe militar de 1964 em intervir mais facilmente nesses que eram os espaços-chave da vida econômica e político-social brasileira, sem precisar eliminar mais ainda a já muito restrita margem de manobra de estados e municípios. É evidente, assim, que a criação e a gestão dessas primeiras regiões metropolitanas se deram sob a égide do centralismo e do autoritarismo – o que, inclusive, engendrou contradições que contribuiriam para a fraqueza e o pouco crédito desses órgãos gestores metropolitanos, os quais não dispunham de verdadeira autonomia financeira ou política, tendo servido, em decorrência disso, para muito pouco. Com a Constituição de 1988, a incumbência de criar regiões metropolitanas passou da União para os estados. Essa mudança representou e representa uma oportunidade positiva, pela flexibilidade para a adoção de soluções mais adaptadas a cada realidade local e regional, e implementadas de modo mais democrático; por outro lado, percebe-se que a falta de critérios técnicos compartilhados e a idéia de que "ser metrópole" representa um grande *status* vêm levando à criação de regiões metropolitanas onde, de fato, talvez só exista, no fundo, uma aglomeração de porte não-metropolitano... Seja citado, a título de exemplo, o caso da Região Metropolitana de Blumenau (SC), nucleada por uma simples cidade média. Já outras "novas regiões metropolitanas", que eram reconhecidas como aglomerações até a década de 80, são, indiscutivelmente, entidades metropolitanas: é o caso da Região Metropolitana de Campinas, no estado de São Paulo, antiga aglomeração Campinas-Vinhedo-Paulínia-Sumaré-Indaiatuba-Nova Odessa-Valinhos. O mapa da figura 1 mostra a localização tanto das "velhas regiões metropolitanas", herdadas dos anos 70, quanto de algumas "novas regiões metropolitanas", criadas posteriormente à Constituição de 1988 pelos respectivos estados.

Tendo explicado o que são as metrópoles, é possível, agora, explicar o que são as *megalópoles*, termo popularizado pelo geógrafo francês-americano Jean Gottmann, a partir da década de 60. É comum ouvir frases do tipo "a megalópole de São Paulo", como se uma megalópole fosse algo assim como uma "cidade monstruosamente grande". Isso é, para dizer o mínimo, muito impreciso. Uma megalópole é, também, uma espécie de "sistema urbano" fortemente integrado, inclusive por fluxos de deslocamento diário de passageiros na base de transportes coletivos de massa. Só que, diferentemente das metrópoles, as megalópoles não são, do ponto de vista físico, entidades locais; elas se espraiam por áreas muito maiores, em escala regional ou, pelo menos, sub-regional. De fato, megalópoles são formadas por duas ou mais metrópoles, que se acham "costuradas" por fluxos de modo semelhante como cada metrópole individual se acha articulada internamente. Por isso é um erro chamar São Paulo, por exemplo, de megalópole: uma megalópole não se confunde com uma metrópole; ela é um conjunto de duas ou mais metrópoles muito próximas umas das outras e muito fortemente articuladas entre si. Megalópoles mundialmente conhecidas são, para citar alguns exemplos, a do Vale do Ruhr, na Alemanha; Tókio-Yokohama-Nagoya-Osaka-Kobe, no Japão; a "Boswash" (Boston-Washington), nos EUA; a Chicago-Detroit-Cleveland-Pittsburgh, igualmente nos EUA; e a "Sansan" (Santa Bárbara-San Diego), também nos EUA.

E quanto ao eixo São Paulo-Rio? Formaria ele uma megalópole? Jean Gottmann já havia previsto, no começo dos anos 70, o desenvolvimento de uma megalópole ao longo desse eixo, e vários autores costumam referir-se a ele como sendo uma megalópole. Eu não diria que isso está inteiramente errado, ou que é um completo absurdo; mas, deve-se admitir que é, no mínimo, um caso duvidoso. O que todas as megalópoles anteriormente mencionadas têm em comum é, precisamente, um "costuramento" ao longo de todo o eixo, por meio de excelentes rodovias e, também, por transporte de massa: especificamente, por meio de trens, inclusive trens de alta velocidade, que permitem que uma distância de duas ou três centenas de quilômetros seja vencida em relativamente pouco tempo (duas horas, no máximo). Nos casos europeu e japonês isso é particularmente verdadeiro. Isso falta ao eixo Rio-São Paulo, exatamente porque falta a facilitação dos fluxos de passageiros por intermédio de uma articulação ferroviária com base em trens modernos e de grande velocidade. A ponte aérea é, pelo custo do transporte, muito seletiva, notadamente em um país como o Brasil. Quanto ao transporte rodoviário (carros e ônibus), além de ele não garantir com a mesma facilidade um "costuramento" maciço entre espaços situados a grandes distâncias um do outro, há que se levar em conta que a eficiência da ligação rodoviária entre Rio e São Paulo não é a mesma de uma grande via expressa norte-americana ou européia. Com efeito, a barreira para movimentos pendulares para além de cada uma das metrópoles que polarizam o eixo Rio-São Paulo é evidente. É bem verdade que há movimentos pendulares que extravasam os limites formais das regiões metropolitanas, especialmente no âmbito das tendências recentes de "fuga da metrópole", em que pessoas buscam uma melhor qualidade de vida ao afastarem-se mais e mais do núcleo metropolitano e de sua periferia pobre, embora mantendo a possibilidade de uma interação diária com o núcleo: é o que ocorre com muitos cariocas que se mudam para Petrópolis (que fez parte, até 1987, da região metropolitana formal, mas hoje não pertence mais a ela), ou com paulistanos que vão residir, por exemplo, em Jundiaí. Só que, nesses casos, o que se tem é, meramente, um ligeiro espraiamento da própria metrópole, e não fluxos que extravasam muito os seus limites. Mais consistente, por conseguinte, que o eixo Rio-São Paulo, em matéria de megalópole, seria o eixo formado pelas metrópoles de Campinas, São Paulo e Santos. Esse eixo, mais que o Rio-São Paulo, seria, mais apropriadamente, passível de ser chamado de a megalópole brasileira, representada no mapa da figura 1. Uma figura pode não valer sempre mais que mil palavras, mas que ajuda, ah, isso ajuda; por isso, os modelos gráficos da figura 2 tencionam complementar as definições apresentadas verbalmente neste e nos parágrafos anteriores.

Por último, o termo "megacidades" fez sua aparição há alguns anos, popularizado a partir do ambiente anglo-saxão (*megacities*). Não se trata, propriamente, de um conceito, mas apenas de uma palavra sugestiva – ou, diriam os mais cáusticos e mordazes, garrafa nova para vinho velho... O fato é que aquilo que se chama de "megacidades" são, no fundo, metrópoles. Talvez para chamar mais a atenção do grande público, tomando um termo de uso tão comum (cidade) e acrescentando-lhe um prefixo capaz de emprestar-lhe força dramática (mega), passou-se a usar, com freqüência, essa expressão, sem que ela, via de regra, seja explicada ou conceituada. A rigor, não passa de um termo supérfluo, do qual bem se pode abrir mão. Entretanto, agências públicas e privadas de financiamento de pesquisas e a imprensa apreciam muito mais quando as coisas vêm embaladas com um papel mais vistoso e atraente, não é verdade?... Em uma era onde a comunicação é (quase) tudo, e onde não se faz pesquisa de envergadura sem financiamentos específicos (e, é claro, a divulgação na mídia sempre dá um empurrãozinho), poucos são aqueles dispostos a tentar evitar que o rigor seja, sem grandes cerimônias, sacrificado no altar da retórica.

E chega-se, assim, quase ao fim deste longo capítulo inicial sobre o conceito de cidade. Mas ainda ficou faltando uma coisa, sem a qual, mesmo sem querer complicar em demasia, algo importante estaria sendo omitido. Sem prejuízo para o que foi dito anteriormen-

Figura 2

DO CENTRO ISOLADO À MEGALÓPOLE: MODELOS GRÁFICOS

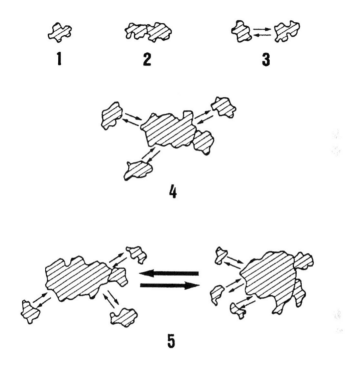

1 Centro isolado
2 Aglomeração com conurbação
3 Aglomeração sem conurbação
4 Metrópole
5 Megalópole

(As setas indicam movimento pendular diário residência→local de trabalho→residência)

te a respeito da natureza da cidade, o fato é que, sempre pensada em contraposição ao "campo", essa natureza precisa ser considerada, atualmente, à luz da enorme redefinição pela qual a oposição campo/cidade passou nas últimas décadas.

A presença cultural da cidade nas áreas rurais é, também no Brasil, muito grande, e cada vez maior, valores e modas, veiculados pela televisão, "conquistam" o campo e vão influenciando hábitos e subvertendo ou minando tradições, mesmo nas mais remotas regiões. E, apesar disso, no Brasil ainda há muitíssimos povoados rurais bem tradicionais e áreas pouco "urbanizadas" no sentido da penetração de hábitos urbano-metropolitanos "modernos" difundidos pelos meios de comunicação de massa e pela economia capitalista em geral. O quadro é diferente, porém, quando se olha para um país como, por exemplo, a Alemanha de hoje. A frase "a cidade está em todo canto; a cidade não está em lugar algum", usada por um articulista escrevendo sobre problemas das grandes cidades no semanário alemão *Die Zeit* (Hanno Rauterberg, "Leben im unheimlichen Heim; *Die Zeit*, 02/05/2002), está longe de ser um jogo de palavras vazio. Em um país comparativamente pequeno e densamente povoado como a Alemanha, onde aldeias e cidades se sucedem separadas por não grandes distâncias entre umas e outras, e onde a vida nas aldeias se modernizou e "urbanizou" incrivelmente desde os anos 50 (infra-estrutura técnica e social básica quase sempre toda ela presente e de ótima qualidade, afluência econômica, abundância de facilidades da vida moderna etc.), a paisagem apresenta, sim, contrastes "funcionais" (belos campos cultivados e bosques intercalados com aldeias e espaços de maior adensamento, que são as cidades de todos os tamanhos) e demográficos (maior ou menor densidade), mas não os crassos desníveis culturais e de modo e padrão de vida que ainda se podem observar em um país periférico ou semiperiférico. É claro que, mesmo em um país como a Alemanha, existem cidades em contraposição àquilo que não é cidade – sejam as aldeias, sejam os campos de cultivo, as florestas etc., no contexto geral do que se poderia, ainda, chamar de "campo". Contudo, em uma situação assim, é como se a cidade, embora continuasse podendo ser delimitada "geograficamente", tivesse sua presença cultural e econômica fortemente diluída por todo o espaço.

2. Quando e como surgiram as primeiras cidades?

Nas ciências sociais, muitas vezes fica mais fácil explicar um conceito apresentando a gênese daquilo que se deseja dar a conhecer. Por essa razão, o presente capítulo é, em parte, não apenas um prosseguimento lógico, mas uma complementação do conteúdo do anterior. Os fenômenos sociais são "densos de história" e só são compreensíveis à luz da história; além disso, como se transformam, em grande parte, muito velozmente, a perspectiva histórica atenta é essencial para que se verifique se, ao falar de um determinado fenômeno décadas ou séculos depois, está se falando, ainda, do mesmo fenômeno, ou, quem sabe, de duas coisas que, no fundo, são bem distintas, tamanha a modificação que se operou ao longo do tempo. Coloque-se, então, a pergunta: *quando e como surgiram as primeiras cidades?*

Uma das primeiras cidades, possivelmente o primeiro assentamento humano a merecer o nome de cidade, foi *Jericó*, às margens do rio Jordão, na Palestina. Jericó é muitíssimo conhecida por estar associada ao relato bíblico (*Livro de Josué*) da destruição de suas muralhas e de sua conquista pelos israelitas. O aparecimento de Jericó é situado, hoje em dia, há quase 8.000 anos antes de Cristo. Isso significa que, quando suas muralhas caíram (supostamente, ou de acordo com a crença judaico-cristã, por ordem de Deus) e ela foi conquistada, sangrenta e impiedosamente (a narrativa bíblica fala, em *Josué 6:21*, em não poupar nem sequer mulheres, jovens e animais!) sob o comando do profeta Josué, sucessor de Moisés na liderança do povo de Israel, Jericó já existia há muito, muito tempo.

O *homo sapiens sapiens*, quer dizer, o homem atual, surgiu, mais ou menos, há 40.000 anos, ou cerca de 30.000 anos antes da fundação de Jericó. Por sua vez, o uso do fogo, as primeiras pinturas rupestres, a construção de cabanas ou palafitas e a utilização de artefatos de pedra lascada são anteriores a esse provável primeiro assentamento urbano em alguns milhares de anos. *Çatal Hüyük*, no sul da Anatólia (na atual Turquia), surgiu, pelo que se sabe, muitos séculos depois de Jericó, mas foi o primeiro assentamento a registrar sinais de que sua população praticava música e dança! Além desses, outros núcleos são sempre citados quando se trata de mencionar aquelas que estão entre as cidades mais antigas: *Harappa* e *Mohenjo-Daro*, no vale do rio Indo (onde atualmente fica o Paquistão), *Ur*, na Mesopotâmia (onde atualmente fica o Iraque), e *Susa*, na Pérsia (atual Irã). Embora essas cidades tenham todas aparecido posteriormente a Jericó e Çatal Hüyük, são, normalmente, incluídas entre as primeiras cidades. Elas eram, para os padrões de um morador de uma grande cidade contemporânea, minúsculas. A figura 3, além de mostrar uma planta esquemática da cidade de Ur, compara o tamanho dessa cidade mesopotâmica com o Rio de Janeiro atual (na realidade, só uma parte do município do Rio de Janeiro, englobando o seu núcleo, está retratada), para que se tenha uma idéia do quão acanhadas eram as dimensões dessas urbes pioneiras.

Na verdade, mais importante que saber quais foram as primeiras cidades é saber *em que contexto* e *como* surgiram as primeiras estruturas espaciais classificáveis como urbanas.

As primeiras cidades fazem seu aparecimento na esteira da chamada Revolução Agrícola ou, também, "Revolução Neolítica", por ter ocorrido no período pré-histórico conhecido como Idade da Pedra Polida ou período neolítico (*neo*: novo; *lithikós*: pedra). É, com efeito, na Idade da Pedra Polida que se inicia a prática da agricultura, e graças a isso irão surgindo, aos poucos, assentamentos sedentários, e depois as primeiras cidades. Levando-se em conta que, até então, a subsistência do homem pré-histórico, normalmente nômade, era garantida apenas pela caça, pela pesca e pela coleta vegetal, o domínio da agricultura representou um salto extraordinário, uma mudança radical. Com a agricultura, tornou-se possível alimentar populações

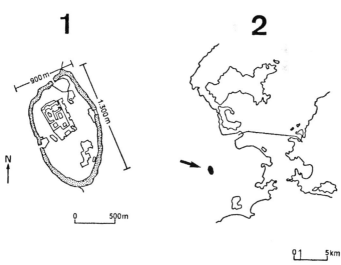

Figura 3

PLANTA ESQUEMÁTICA DA CIDADE DE UR,
NA MESOPOTÂMIA (1), E COMPARAÇÃO ENTRE OS
TAMANHOS DE UR E DA CIDADE DO RIO DE JANEIRO (2)

cada vez maiores, gerando-se, inclusive, um *excedente alimentar*. Se, na base de uma simples economia de caça e coleta, todos os membros adultos do grupo eram obrigados a participar da busca e obtenção de alimento, sob pena de morrerem de fome se não o fizessem, a possibilidade técnica da obtenção de excedentes propiciava condições para que certos indivíduos se desvinculassem da produção, dedicando-se a outras funções em caráter "especializado": fazer a guerra, cuidar dos serviços religiosos etc. A cidade, em contraposição ao campo, que é de onde vinham os alimentos, foi se constituindo, paulatinamente, como um local onde se concentravam os grupos e classes cuja existência, enquanto pessoas não-diretamente vinculadas às atividades agropastoris, era tornada possível graças à possibilidade de se produzirem mais alimentos do que o que seria necessário para alimentar os produtores diretos.

Para o arqueólogo australiano V. Gordon Childe, o período de proliferação das cidades subseqüentemente à Revolução Agrícola do neolítico foi, em si, uma revolução: uma verdadeira "Revolução Urbana". Talvez essa expressão seja um pouco exagerada, principalmente porque Childe deu a entender, em seus livros *A evolução cultural do homem* e *O que aconteceu na história* (vide **Bibliografia comentada**), que a "Revolução Urbana" e a "Revolução Neolítica" que a precedeu teriam ocorrido de um ímpeto só, no Oriente Médio, quando hoje se sabe que a agricultura, assim como o fenômeno urbano, se desenvolveu em locais diferentes e em momentos diferentes (houve, por assim dizer, então, várias "revoluções neolíticas" e várias "revoluções urbanas"). Se se quiser, porém, apenas chamar a atenção para um processo de passagem da produção de subsistência para uma produção de alimentos visando também o comércio externo, assim como para o surgimento da manufatura especializada, tudo isso tendo um rebatimento demográfico sob a forma de uma acentuada expansão da população – fundamentos sobre os quais se darão a transformação de povoados de agricultores em cidades e a proliferação destas –, então não há problema em se falar em "revolução" urbana, para sublinhar a importância do fenômeno, desde que não se pense que ele teve lugar de uma vez por todas, irradiando-se a partir do mesmo local. A Revolução Urbana foi situada por Childe no terceiro milênio antes de Cristo – logo, alguns milhares de anos após o surgimento dos mais antigos assentamentos com características urbanas, como Jericó e Çatal Hüyük.

Cumpre sublinhar que o aparecimento e a proliferação de cidades pelo mundo antigo, na Mesopotâmia, no vale do Nilo e no vale do rio Indo, e mais tarde na China, na bacia do Mediterrâneo e na América das civilizações pré-colombianas, teve relação não apenas com as inovações técnicas que permitiram a agricultura e a formação de excedentes alimentares capazes de alimentar uma ampla camada de não-produtores diretos – com destaque, aqui, para a irrigação em larga escala –, mas com mudanças culturais e políticas profundas, mudanças da *ordem social* em geral. A regra foi a de que o surgimento das primeiras cidades se desse entrelaçado com o aparecimento de formas centralizadas e hierárquicas de exercício do poder; e, com efeito, foi justamente a formação de sistemas de dominação, com monarcas e seus exércitos, que permitiu, ao lado das inovações técnicas, uma crescente extração de excedente alimentar, sobre o fundamento da opressão dos produtores diretos. Os impérios da Antigüidade foram, além disso, disseminadores de cidades, como observou Gideon Sjoberg (ver a coletânea *Cidades – a urbanização da humanidade*, na **Bibliografia comentada**), pois elas eram pontos de apoio para manter a supremacia militar nas regiões conquistadas.

Há registro de umas poucas exceções a essa regra de tendência de centralização de poder na esteira da gradual sedentarização e do domínio da agricultura, como a antiga Islândia e a Cabila, no norte da Argélia e nas terras altas do Marrocos. Em geral, contudo, acabou se desenvolvendo, em muitos locais simultaneamente, um *aparelho de Estado*, vale dizer, uma estrutura de poder e de dominação formalizada, determinando, no seio da sociedade, uma separação rígida e autoperpetuável entre dirigentes e dirigidos, entre "elite" e "povo". Ao longo da história da humanidade, poucos foram os momentos e, sobretudo, períodos mais ou menos duradouros, em que essa separação, uma vez instalada, foi desafiada e superada; merecem destaque as cidades gregas da Antigüidade onde vigorava a → *democracia direta*, em substituição à monarquia e à aristocracia, especialmente *Atenas*. O fato de terem existido poucas exceções a essa regra, evidentemente, não quer dizer que ela não possa ser desafiada e superada novamente.

Recapitulando: as primeiras cidades surgem como resultado de transformações sociais gerais – econômicas, tecnológicas, políticas e culturais –, quando, para além de povoados de agricultores (ou aldeias), que eram pouco mais que acampamentos permanentes de produtores diretos que se tornaram sedentários, surgem assentamentos permanentes maiores e muito mais complexos, que vão abrigar uma ampla população de não-produtores: governantes (monarcas, aristocratas), funcionários (como escribas), sacerdotes e guerreiros. A cidade irá, também, abrigar artesãos especializados, como carpinteiros, ferreiros, ceramistas, joalheiros, tecelões e construtores navais, os quais contribuirão, com suas manufaturas, para o florescimento do comércio entre os povos. Em vários sentidos, por conseguinte, a cidade difere do tipo de assentamento neolítico que a precedeu, menos complexo.

Entretanto, as cidades continuaram a transformar-se durante os milênios seguintes ao seu aparecimento, e continuam a transformar-se sem cessar. A Revolução Industrial na Europa, a partir de fins do século XVIII, e, mais amplamente, os processos de industrialização pelo mundo afora, também tiveram um impacto enorme sobre o tamanho e a complexidade das cidades. Muito embora haja razões para se usar o mesmo termo para assentamentos tão diversos quanto a pequena Ur, no alvorecer do fenômeno urbano, e uma grande cidade contemporânea, é de se perguntar: poderá o conceito de cidade passar incólume, inalterado, por milênios de transformações materiais, políticas e culturais? Presumir que sim seria acreditar que nossos conceitos não são históricos, mas sim eternos e imutáveis, o que seria um equívoco. Daí surgirem, em momentos diferentes, novos termos e novos conceitos, como conurbação, metrópole e megalópole, que se acrescentam e enriquecem a nossa visão do que seja ou do que pode ser o fenômeno urbano. Presentemente, com a urbanização acelerada do campo, em sentido econômico, material e cultural, já se diz, como se viu no capítulo anterior, que a cidade, de certa maneira, "está em toda parte"; não só seus limites físicos se mostram cada vez mais complexos, com a conurbação e a integração de cidades formando aglomerações, metrópoles e megalópoles que se superpõem a uma malha territorial formada, às vezes, por muitas dezenas de municipalidades, mas, além disso, é a própria idéia de um "campo" como um meio muitíssimo diferente da cidade em matéria de relações de produção, além de culturalmente tradicional e retrógrado, que vai perdendo a sua validade. Estamos caminhando, em grande parte, mais para diferenças de grau e intensidade, deixando para trás a oposição cidade/campo em sua versão mais rígida. Por outro lado, dentro de muitas grandes cidades, fenômenos de dissolução, ou de fragmentação sociopolítico-espacial, vêm tendo cada vez mais lugar (ver, sobre isso, o Cap. 5). O futuro dirá que conseqüências tudo isso terá para a própria idéia de "cidade".

3. Da cidade individual à rede urbana

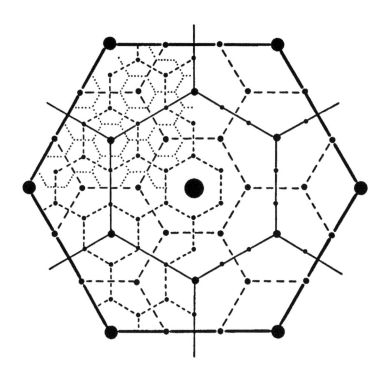

A exposição girou, até agora, em torno de cada cidade, individualmente considerada – sua economia, sua influência, a gênese das primeiras cidades... No máximo, foram mencionadas essas articulações muito densas de cidades (a ponto de, em certo sentido, existirem quase que como uma única cidade) que são as metrópoles e as megalópoles, que se estendem, respectivamente, em escala local ("local ampliada", pode-se dizer) e sub-regional ou regional. Ocorre, porém, que existem, no mundo todo, muitas dezenas de milhares de cidades, e, em alguns países muito grandes, como o Brasil, milhares de cidades. Mesmo no interior de um único país, é claro que nem todas elas se articulam diretamente entre si; algumas se articulam muito forte e diretamente entre si (mediante meios de comunicação e transporte, permitindo fluxos de informação, bens e pessoas), mas outras se articulam apenas indiretamente, por intermédio de outras cidades. O que importa é que, seja no interior de um país, seja em escala planetária, nenhuma cidade existe totalmente isolada, sem trocar informação e bens com o mundo exterior; caso contrário, não seria uma cidade. De maneira muitíssimo variável no que concerne ao tipo de fluxo e, sobretudo, à intensidade dos fluxos, todas as cidades se acham ligadas entre si no interior de uma *rede* – no interior da *rede urbana*.

É costume falar da rede urbana como se ela fosse um fenômeno, por assim dizer, "nacional", pelo fato de que os estudos e classificações das cidades ao longo da rede urbana, usualmente, possuem uma abrangência nacional: rede urbana brasileira, rede urbana alemã, rede urbana argentina... Todavia, todos sabemos que as cidades de um país estão, direta ou indiretamente, ligadas às cidades de outros países. Os bens que são consumidos, ou as informações trocadas entre empresas, o dinheiro enviado por emigrantes e os lucros remetidos por filiais de empresas multinacionais – tudo isso, e muito mais, mostra como, mesmo na escala internacional, as cidades estão articuladas entre si, econômica, cultural e até politicamente. Em última análise, a rede urbana é um fenômeno que pode e deve ser examinado em diferentes escalas: pode fazer muitíssimo sentido em se falar de uma rede urbana regional, especialmente em uma região com uma forte coerência de identidade sócio-espacial e de fluxos internos; contudo, ela será, ao mesmo tempo, um subconjunto de uma rede urbana maior, nacional, a qual, por sua vez, estará menos ou mais fortemente articulada no interior de uma rede urbana global.

A rede urbana não é "inocente", no sentido de ser um "simples" conjunto de cidades ligadas entre si por fluxos de pessoas, bens e informações, como se isso fosse coisa de somenos importância ou nada tivesse a ver com os mecanismos de exploração econômica e exercício do poder existentes em nossas sociedades. Por intermédio da rede urbana, tendo-a como suporte, a gestão do território se exerce. Vamos examinar isso com calma, paulatinamente.

De pequenos centros quase sem centralidade, que somente influenciam o território do município (ou seja lá o nome que, dependendo do país, tiver a unidade político-administrativa local) onde se encontram e para o qual servem de sede, até grandes metrópoles, ao longo da rede urbana se distribuem núcleos urbanos com tamanhos e centralidades muito variadas. Dois papéis são desempenhados por esses núcleos; para usar as felizes expressões de Armstrong e McGee (ver **Bibliografia comentada**), os papéis de *teatros de acumulação* e de *centros de difusão*.

Na qualidade de *teatros de acumulação*, as cidades exercem várias funções econômicas. Para começar, a função de *extração e captação do excedente alimentar*. O excedente alimentar extraído do campo (gêneros agropecuários e extrativistas) não é nelas somente consumido, mas também armazenado (às vezes em diversas cidades, ao longo de uma cadeia de distribuição e comercialização) e, comumente, beneficiado (embalado e processado industrialmente) nos centros urbanos. Tradicionalmente, não os próprios produtores rurais, mas sim atacadistas baseados em pequenas cidades que recolhem os produtos do campo e os repassam para serem distribuídos por um outro atacadista, baseado em um centro maior (o qual, por sua vez, redistribuirá parte dos produtos para centros ainda maiores), ou os levam para serem beneficiados e processados. Os atacadistas assumem, com isso, o papel de intermediários no processo de distribuição e comercialização; são os popularmente chamados "atravessadores". Entre o campo e a mesa do consumidor final, nas cidades pequenas, médias e grandes da rede, se estabelece toda uma cadeia de distribuição e comercialização em que os agentes, em número bem variável, são os comerciantes atacadistas, os transportadores (no caso de não serem os próprios atacadistas) e, por fim, os comerciantes varejistas. Cada um desses agentes econômicos exigirá, naturalmente, a sua margem de lucro. Quanto maiores as distâncias mas, também, quanto mais complexa for essa cadeia, mais caro sairá o produto para o consumidor final, sem que o produtor primário esteja se beneficiando com isso. Como bem lembra Roberto Lobato Corrêa, em seu livro *A rede urbana* (vide **Bibliografia comentada**), as grandes redes de supermercados vieram introduzir um elemento diferente nesse quadro. Possuindo esquemas próprios de distribuição e desincumbindo-se tanto do atacado quanto do varejo, elas simplificam a cadeia e eliminam os intermediários. Os produtores, contudo, como salienta Corrêa, não ganham com isso; de fato, o que ocorre é que essas redes de supermercados auferem margens de lucro excepcionais. E em alguns casos, até parte da produção (fazendas próprias) e do processamento e embalagem dos produtos se dá sob os seus auspícios.

A *drenagem da renda fundiária*, ou renda da terra, é outra função das cidades associada ao papel de teatros de acumulação. A renda da terra é o tipo de remuneração obtidos pelos proprietários rurais, via de regra grandes proprietários, que arrendam suas terras a terceiros. Muitos proprietários, particularmente em países periféricos e semiperiféricos, entregam suas propriedades nas mãos de capatazes e administradores ou as arrendam, total ou parcialmente, passando a residir, a maior parte do ano, ou mesmo em caráter definitivo, nas cidades. São proprietários ausentes quase todo o tempo de suas terras, sendo chamados, por isso, de *absenteístas*. Seus recursos, que poderiam ser reinvestidos no próprio campo (modernizando a lavoura e a criação, melhorando as condições de vida e de trabalho dos empregados etc.), são, na realidade, em grande parte gastos com o próprio consumo pessoal e familiar (compra de mansões e de bens de consumo diversos, gastos com viagens), e, em grande parte, empregados em investimentos na própria cidade (terras urbanas, para serem mantidas, especulativamente, como reserva de valor; apartamentos e outros imóveis para serem alugados; investimentos no mercado financeiro).

Por último, mas não com menos importância, assoma a função das cidades, ainda enquanto teatros de acumulação, como locais onde se dá a *acumulação propriamente de capital*. Essa acumulação de capital se fundamenta, em princípio, na indústria de transformação, e, nesse âmbito, pode-se dizer, na exploração do trabalhador industrial. Mais amplamente, ela remete, também, às atividades terciárias (comércio e prestação de serviços), sem contar que não se devem esquecer as relações de dependência entre o setor produtivo e o sistema bancário-financeiro.

Na qualidade de *centros de difusão*, as cidades se apresentam, ao longo da rede urbana, como suportes para a disseminação de bens e idéias, das cidades maiores para as cidades menores, até chegar ao campo. Os bens são os mais variados produtos fabricados nas cidades, tanto bens de consumo (ou seja, bens que serão consumidos diretamente: roupas, alimentos, brinquedos, eletrodomésticos etc.) quanto bens de produção (que são aqueles bens que servem para produzir outros bens, como máquinas industriais). Já as idéias podem ser as assim chamadas "inovações" tecnológicas (as quais, nos países do "Terceiro Mundo", freqüentemente não passam de pacotes de tecnologia já ultrapassada, comprados dos países centrais) mas, também, modas e diretrizes e informações das sedes de grandes empresas para as suas filiais e plantas industriais, além de informações e dados referentes a fluxos financeiros, no interior da rede bancária.

Por tudo isso e com tudo isso, nota-se, muito facilmente, que o campo se acha submetido à cidade, do ponto de vista econômico, e não só do ponto de vista econômico – muito embora, em um país (semi)periférico como o Brasil, e principalmente em suas regiões mais pobres e tradicionais, a vida política local e regional seja muito diretamente influenciada ou até determinada por proprietários fundiários (geralmente absenteístas), chegando a sua influência até a escala nacional.

Não foi sempre que a cidade exerceu esse papel tão e cada vez mais dominante. Na Europa medieval, durante a vigência do → *modo de produção* feudal, o campo era largamente auto-suficiente em matéria de produção de bens os mais diversos: de roupas simples a armamentos, selas, ferraduras e arados, grande parte dos bens de consumo e produção era manufaturada nas dependências ou em anexos do castelo senhorial ou pelos próprios servos da gleba. Quanto a alimentos, então, obviamente, nem se fala: produtos que o moderno citadino, especialmente o morador de uma grande cidade, adquire, rotineiramente, no comércio de bairro, eram, então, produzidos em casa. Não me refiro, aqui, apenas a coisas como pão e compotas (que, diga-se de passagem, ainda hoje são, em grande parte, produzidos em casa, nas áreas rurais), mas ao fato de que não havia uma "indústria de alimentos", como hoje em dia, a receber matérias-primas do campo, processá-las e reenviá-las às cidades e até de volta ao campo. Havia, nos burgos e nas cidades, mercados, permanentes e temporários (as feiras), onde produtos fabricados por artesãos da própria cidade ou oriundos de outros centros, às vezes de países distantes e longínquas terras, eram comercializados. Isso não era, porém, suficiente para caracterizar uma clara dominância da cidade em relação ao campo. Além disso, o campo era, também, fortemente autônomo relativamente à cidade no que se refere à política e, até mesmo, à cultura. Os modernos Estados nacionais ainda não se haviam formado, e os senhores feudais eram amplamente soberanos em suas possessões. No Brasil, onde não existiu, propriamente, feudalismo, um certo paralelo com essa situação pode ser encontrado nos grandes engenhos do período colonial, largamente auto-suficientes sob o ângulo econômico.

Karl Marx e seu colaborador, Friedrich Engels (ver **Bibliografia comentada**), estiveram entre os primeiros a mostrarem, ainda em meados do século XIX, que o modo de produção capitalista irá trazer uma inversão de papéis: a cidade, que durante o feudalismo tinha expressão econômica limitada e expressão política, em regra, limitadíssima, lutando para preservar a sua autonomia (enquanto "cidade livre" ou "burgo livre") perante os senhores feudais, passaria a ser, gradualmente, "senhora" do campo, submetendo este. No decorrer dos séculos XIX e XX o campo mostrar-se-á cada vez mais dependente das cidades, e em particular das grandes cidades: dependente das máquinas e ferramentas produzidas nos centros urbanos; dependente dos conhecimentos técnicos e tecnológicos gerados em universidades, laboratórios e centros de pesquisa situados, via de regra, em cidades; dependente dos fertilizantes químicos, dos agrotóxicos e das sementes selecionadas produzidos nos núcleos urbanos; e, por último, dependente do sistema bancário, por meio do crédito ao produtor (sem o qual a moderna agricultura de mercado não opera) e do crédito em geral, sistema esse ancorado ao longo da rede urbana, onde as sedes dos grandes bancos nacionais (inclusive estatais) e estrangeiros se articulam com as agências de pequenas cidades.

As cidades de uma rede urbana são agrupadas em categorias específicas, conforme a sua centralidade. No Brasil, o estudo *Regiões de influência das cidades*, publicado em 1987 pelo IBGE (ver **Bibliografia comentada**), consagrou uma hierarquia que vai do *centro de zona* (situado um nível acima do simples centro local, quase sem centralidade), passando pelo *centro sub-regional*, pela *capital regional* e pelo *centro submetropolitano*, até chegar à *metrópole regional* e, finalmente, à *metrópole nacional*. É claro que essa hierarquia somente pára na metrópole nacional por ser o estudo do IBGE uma radiografia da rede urbana *nacional*; no entanto, centros de nível hierárquico ainda mais elevado, situados fora das fronteiras do país, dos quais partem fluxos (informações, ordens etc.) e os quais recebem fluxos (mercadorias, lucros, informações etc.) que articulam as diversas economias nacionais, podem ser encontrados: é o caso, especialmente, das chamadas → *"cidades globais"*, com destaque para Nova Iorque, Londres e Tóquio. Seja como for, trata-se de uma pesquisa conduzida criteriosamente, lastreada teoricamente na Teoria das Localidades Centrais de Walter Christaller (e em uma revisão crítica dela, elaborada por diversos autores no decorrer das décadas posteriores à Segunda Guerra Mundial), em que foram levantados, por meio de amostras, os fluxos de deslocamento para a aquisição de bens e serviços (*quem* adquire *o quê* e *onde*) que revelam as centralidades e áreas de influência variáveis dos diversos centros urbanos.

O referido estudo de 1987, ele próprio uma revisão de um estudo anterior do próprio IBGE (a *Divisão do Brasil em regiões funcionais urbanas*, do começo da década de 70), sofreu, na década de 90, uma atualização, promovida pelo IPEA em parceria com o IBGE e o Instituto de Economia da UNICAMP (vide referência na **Bibliografia comentada** [IPEA/IBGE/NESUR, 1999]), cuja qualidade, porém, parece ser inferior à da versão dos anos 80. Apesar de possuir algumas virtudes, como a tentativa de estar em sintonia com as mais recentes abordagens teóricas sobre a urbanização e a dimensão espacial da economia, o trabalho apresenta algumas deficiências conceituais e metodológicas. Em decorrência disso, o resultado dessa radiografia da rede urbana brasileira foram, às vezes, posições bastante questionáveis, como a elevação de antigas metrópoles regionais (como Fortaleza, Recife, Salvador, Curitiba, Belo Horizonte e Porto Alegre) à categoria de metrópole nacional e a atribuição do título de "metrópoles globais" (às vezes chamadas, no próprio estudo, de "metrópoles mundiais") às duas metrópoles nacionais, São Paulo e Rio de Janeiro. Que projeção econômica de monta verdadeiramente em escala nacional possuem essas metrópoles regionais, especialmente Fortaleza, cuja área de influência imediata se restringe a uma parte do Nordeste, que justifique a sua classificação como metrópoles nacionais? E como ignorar o fato de que a pretendida "metrópole global" (ou "mundial") do Rio de Janeiro vem perdendo importância até mesmo como metrópole *nacional*, perante São Paulo? É fácil ver que um estudo que mereça tais ressalvas, mas que acaba servindo de referência para vários tipos de usuários, contribui para gerar, ao lado do problema já mencionado a propósito da criação de novas regiões metropolitanas, um panorama classificatório e terminológico contraditório. Como se já não bastasse a confusão crescente em torno do que seja uma metrópole, agora, a depender de estudos como esse, já não se terá muita clareza, igualmente, sobre quais são as reais condições para que algo possa ser chamado, sem maiores dúvidas, de metrópole nacional ou "global".

Vou me permitir ser redundante, para reforçar: uma metrópole nacional possui uma área de influência que abrange todo ou quase todo o território nacional. Em outras palavras: os bens e serviços nela produzidos e por ela ofertados são distribuídos nacionalmente e comercializados e vendidos em todas as regiões do país, de maneira inequívoca e insofismável. É esse, exatamente, o caso de São Paulo, e, de maneira cada vez mais pálida à medida em que se sucedem os anos e as décadas, também do Rio de Janeiro. São essas as duas únicas metrópoles nacionais brasileiras, sendo que a distância entre a primeira e a segunda aumenta mais e mais; São Paulo é, crescentemente, *o* grande centro de gestão do território no Brasil. Ao mesmo tempo em que o estado de São Paulo (e, de forma menos intensa, o Centro-Sul do país) assiste, há três décadas, a uma significativa desconcentração da produção industrial, a metrópole paulistana concentra sem parar as sedes das empresas (indústrias, empresas comerciais, grandes consultorias e bancos), o que significa uma centralização constante em matéria de capacidade de gestão do território. São Paulo, a rigor, vai além da condição de simples metrópole nacional: embora subordinada, por se localizar em um país semiperiférico, ela possui uma importância econômica claramente internacional, inclusive sendo o centro de gestão territorial mais relevante da América do Sul, com destaque para o seu papel no âmbito do MERCOSUL. São Paulo é, com efeito, uma "cidade global" dependente/semiperiférica.

A centralidade de uma cidade, já se viu, é função, acima de tudo, de sua capacidade de ofertar bens e serviços para outros centros urbanos, estabelecendo, desse modo, uma área de influência. Essa centralidade, portanto, é de natureza, acima de tudo, econômica. Uma cidade será tanto mais complexa e possuirá uma posição tanto mais elevada na hierarquia da rede urbana, quanto mais ela possuir essa capacidade de ofertar bens e serviços e capturar uma área de influência maior. No entanto, à primeira vista, dois tipos de situação parecem perturbar essa presunção de correspondência entre complexidade do centro urbano, centralidade e posição hierárquica na rede urbana.

A primeira situação refere-se àquelas cidades que, por serem capitais nacionais, possuem uma área de influência nacional, mesmo sem serem metrópoles nacionais. É, justamente, o que ocorre com Brasília. Quando observamos o panorama internacional, constatamos ser muito comum a cidade-capital ser, ao mesmo tempo, a grande metrópole nacional – Londres, Paris, Tóquio... – ou, até mesmo, uma *cidade primaz*, isto é, uma cidade que concentra um percentual excessivamente grande da população e da economia do país, o que é algo freqüente no "Terceiro Mundo", sendo isso, via de regra, uma herança colonial – Cidade do México (a metrópole concentra quase 1/4 da população do país), Buenos Aires (a metrópole de Buenos Aires concentra cerca de 1/3 da população argentina)... Contudo, em alguns países do mundo, além do Brasil, como os Estados Unidos, com Washington (que foi uma cidade planejada, assim como Brasília o seria um século e meio depois) e a Austrália, com Camberra, a cidade que abriga a capital do país não é uma grande metrópole nacional.

Deveria a cidade-capital ser sempre considerada como uma metrópole nacional, devido ao fato de que a sua abrangência é nacional? Não. Em primeiro lugar, porque, do ponto de vista geográfico, ela nem sequer precisa corresponder, propriamente, a uma metrópole. Em segundo lugar, porque a sua influência é muitíssimo específica: é política. É freqüente, por conseguinte, que, embora lá sejam tomadas, formalmente, as grandes decisões legislativas, executivas e judiciárias, os principais grupos de interesse, que pressionam, influenciam ou mesmo determinam o curso dos processos decisórios (as classes dominantes e grupos de elite específicos), estejam baseados em outro local, notadamente nos grandes centros econômicos e demográficos. A cidade-capital é, sempre, sob o ângulo estritamente político-formal, um centro de gestão do território importantíssimo (formalmente, o mais importante de um país), mas não é por isso que sua posição na hierarquia da rede deveria ser, automaticamente, equivalente à de uma verdadeira metrópole nacional.

A segunda situação concerne a centros urbanos, não necessariamente grandes, que abrigam atividades muito especializadas, alcançando, com isso, uma considerável área de influência. Pense-se, por exemplo, em uma cidade pequena como Cannes, na França, a qual, por conta do festival anual de cinema, é conhecida internacionalmente e torna-se, durante alguns dias por ano, referência para os cinéfilos do mundo inteiro. Outro caso é o de cidades médias ou até pequenas que abrigam plantas industriais onde se dá a produção de bens sofisticados, distribuídos nacionalmente ou até exportados para outros países e continentes. Nenhum desses dois exemplos, porém, fere, a rigor, a presunção de correspondência entre complexidade do centro urbano, centralidade e posição hierárquica na rede urbana.

Uma cidade que sedia um evento de duração limitada, mas de alcance nacional ou internacional, precisará, é certo, possuir uma infra-estrutura adequada, sobretudo uma infra-estrutura de hotéis e restaurantes, capaz de comportar uma enxurrada anual de visitantes. Não é à toa que tais cidades, como Cannes (ou, no Brasil, Gramado, no Rio Grande do Sul), costumam ser, quando não são grandes centros, pelo menos centros turísticos importantes. Não obstante, sua "centralidade", por assim dizer, é efêmera e altamente seletiva e específica. Findo o evento, ela volta a ser o que normalmente é: uma cidade pequena, ocupando uma posição modesta na hierarquia da rede urbana.

Quanto ao exemplo de uma cidade média ou pequena abrigando uma ou mais plantas industriais onde se dá o fabrico de bens sofisticados, o raciocínio que aí se deve aplicar não é muito distinto. Trata-se de atividades produtivas específicas, comandadas a partir de centros maiores, dentro ou até mesmo, no caso de empresas transnacionais, em última análise fora do país. Fenômenos de desconcentração industrial vêm ocorrendo no Brasil (no estado de São Paulo já desde a década de 70, e de modo mais abrangente, no Centro-Sul do país, mas sempre a partir de São Paulo, desde os anos 80), promovendo uma desconcentração física de atividades; isso se dá porque, se a localização da unidade produtiva em um grande centro se beneficiou, inicialmente e durante muito tempo, de vantagens locacionais (desfrutando das chamadas → *economias de aglomeração*), ligadas à proximidade do mercado consumidor e de outras empresas e devido à infra-estrutura de boa qualidade e à abundância de mão-de-obra qualificada, a partir de certo momento certos transtornos associados, cada vez mais, ao ambiente físico, econômico e social das grandes metrópoles – escassez de terra para expansão industrial e conseqüente elevação do preço do solo, congestionamentos, poluição, criminalidade violenta... –, começam a desestimular a localização em um grande centro que já começa a apresentar sinais de saturação e a estimular a localização em cidades menos problemáticas, mas que apresentam boa infra-estrutura e outros requisitos. Muitas vezes, essas médias (e pequenas) cidades irão crescer rapidamente, tornando-se grandes e tendendo, elas próprias, a apresentar certos problemas, como se percebe no Brasil (o caso de Campinas, hoje em dia abrigando o núcleo de uma metrópole, é bastante ilustrativo). O que importa ressaltar, de toda maneira, é que a gestão tende a continuar centralizada nos centros principais; ou seja: a produção, fisicamente, se desconcentra, mas não necessariamente o poder (não raro, a centralização do poder de gestão territorial até sofre um incremento), o que está associado à permanência, nos centros mais importantes, de atividades econômicas de ponta, ligadas ao setor financeiro e a serviços sofisticados.

Outra consideração a ser feita, no que diz respeito às relações hierárquicas no interior da rede urbana, tem a ver com o progresso tecnológico e os fatores institucionais que facilitam, cada vez mais, o transporte de bens e pessoas, as comunicações e a mobilidade espacial do capital em geral, redundando em aumento das inter-relações e interdependências econômicas entre firmas, cidades e países. A rede urbana sofre transformações sob o efeito da globalização econômico-financeira. Pode-se dar destaque, quanto a isso, ao fato de que a complementariedade entre centros urbanos de mesmo nível hierárquico conhece um aumento, sobretudo no interior do conjunto espacial formado pelos países e regiões que compõem o "Primeiro Mundo". Mas, note-se: esse incremento da complementariedade entre centros de mesmo nível, alimentada pela maior mobilidade espacial do capital, não nos autoriza a dizer que as relações hierárquicas e as disparidades, genericamente, se enfraqueçam. Analisando em escala mundial, assim como na escala dos países e regiões do "Terceiro Mundo", notaremos que, em parte, hierarquias e disparidades até se fortalecem, se considerarmos o efeito que é o de "cidades globais" de países semiperiféricos, conectadas de modo particularmente intenso e sofisticado aos principais centros da economia internacional, apresentarem, em matéria de dinamismo econômico e padrões de consumo, mais semelhança e mais conexão com "cidades globais" de países centrais do que com muitos centros urbanos situados em seus próprios países.

Por fim, registre-se que a situação em que uma pessoa, para adquirir bens e serviços não encontrados em sua cidade, dirige-se, primeiramente, para o centro de hierarquia mais elevada mais próximo dela, e apenas não existindo aí o que procura dirige-se a um centro ainda maior, é largamente teórica. Dificilmente pessoas que morem em cidades de baixa posição na hierarquia da rede e que estejam situadas no entorno de um centro importante ou mesmo de um núcleo metropolitano pensarão em "galgar os degraus" paulatinamente, preferindo, como é de se esperar, ir diretamente ao centro mais importante, queimando etapas. Isso se dá principalmente em nossos dias, devido às facilidades de transporte. Dependendo do poder aquisitivo, há aqueles que, mesmo residindo longe de um centro de alta posição na hierarquia da rede urbana, poderão se dar ao luxo de, pegando um avião, ir direto para um centro maior (por exemplo, para tratamento médico), às vezes situado até mesmo no exterior, queimando muitas etapas. Em contraste com isso, há aqueles outros, tão numerosos, que, devido à sua pobreza, ao não encontrarem em sua cidade o bem ou o serviço de que necessitam, simplesmente terão de abrir mão dele, por não terem condições de buscá-lo em um centro maior. A mobilidade espacial é função da renda, e isso influencia decisivamente a maneira como a rede urbana é vivenciada e a própria estrutura da rede. Por isso fica fácil entender a razão pela qual, nos países subdesenvolvidos, e especialmente em suas regiões mais pobres e de renda mais concentrada, a rede de localidades centrais se mostra "achatada", com uma baixa presença de centros de nível intermediário em comparação com um grande número de centros menores, como fez notar Roberto Lobato Corrêa em seu livro *A rede urbana* (ver **Bibliografia comentada**): uma vez que esses centros intermediários oferecem bens e serviços consumidos com menor freqüência e, muitas vezes, apenas pelos segmentos de poder aquisitivo médio ou elevado, a possibilidade de multiplicação de cidades desse porte esbarra no fato de a renda se achar muito concentrada. Com isso, o perfil da rede urbana se mostra uma boa expressão do grau de desenvolvimento do país ou da região.

4. A cidade vista por dentro

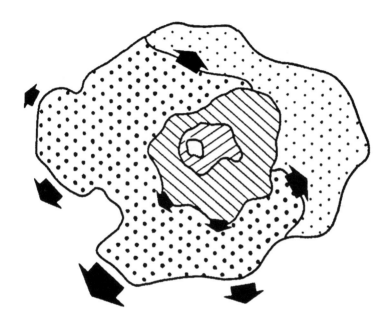

Foi repetido várias vezes, nos capítulos anteriores, que uma cidade, especialmente uma grande cidade, é uma entidade sócio-espacial complexa. E, no entanto, a cidade foi examinada, até agora, sem se levar em conta, com detalhes, como ela se apresenta estruturada *internamente*. É chegada a hora de nos debruçarmos sobre aquilo que se chama de a *organização interna da cidade*, a qual é a chave para chegarmos aos processos sociais que animam o núcleo urbano e que estão envolvidos na dinâmica da produção do espaço, e que é, ao mesmo tempo, uma chave privilegiada para observarmos e decifrarmos a sua complexidade enquanto produto social.

Para começar, qualquer cidade apresenta diferentes tipos de espaços, de acordo com a atividade predominante. Em áreas onde predomina claramente o uso residencial (às vezes até por causa de restrições à presença de outros usos, corporificadas em um *zoneamento* – esse assunto, o do planejamento urbano, será discutido mais à frente, em outro capítulo) encontra-se, freqüentemente, nada mais ou não muito mais que um comércio de bairro, onde as pessoas e famílias podem fazer compras para seu abastecimento diário, semanal ou mensal com gêneros alimentícios e outros de consumo rotineiro. Já em alguns espaços concentram-se o comércio e os serviços, apresentando-se como verdadeiras *localidades centrais intra-urbanas*. Ao tratar da rede urbana, a idéia de localidade central foi resgatada com referência a cada núcleo urbano como sendo, no seu conjunto, uma localidade dotada de maior ou menor centralidade em comparação com outras. Isso não é errado, mas é, dependendo da escala que se considera, uma simplificação, pois os espaços onde os bens mais sofisticados ("bens centrais" mais importantes, para usar a linguagem de Christaller) são produzidos (áreas industriais) ou comercializados (espaços comerciais) não estão totalmente dispersos no tecido urbano, mas, muito pelo contrário, tendem a se restringir a algumas áreas no interior da cidade. A despeito disso, muitas áreas no interior da cidade apresentam uma forte mistura de usos do solo, quando não há restrições legais (de zoneamento) a essa mistura, ou quando as restrições são desrespeitadas.

Os espaços onde as atividades de comércio e serviços se concentram são de vários tipos. A grande maioria das cidades possui, claramente, o seu "centro", correspondendo, o mais das vezes, ao centro histórico (local onde a urbe foi fundada, e que abriga prédios de um certo ou mesmo um grande valor histórico-arquitetônico). Esse "centro", no caso das cidades maiores, tendeu, muitas vezes, a se expandir e evoluir até atingir as dimensões de uma moderna área central de negócios, mais conhecida, entre os estudiosos, pela sigla CBD (abreviatura, como se viu no Cap. 1, de *central business district*). O CBD sozinho, porém, não daria conta de atender a todas as demandas da cidade por bens de consumo não-rotineiro. Uma cidade, ao crescer, vê aumentarem as distâncias, e a combinação de densidade demográfica, distância em relação ao centro e renda da população faz aparecerem importantes subcentros de comércio e serviços, o que evita que os moradores dos diferentes bairros precisem, necessariamente, se deslocar para o CBD sempre que precisarem adquirir um bem mais sofisticado que pão, leite ou jornais. É claro que, entretanto, esse quadro varia muito de acordo com o porte da cidade: uma cidade pequena, às vezes até uma cidade média, pode não ter conhecido, dependendo do seu contexto econômico-social regional e nacional (e, portanto, dependendo da renda de sua população, tanto no que concerne ao seu nível quanto no que diz respeito à sua distribuição), o desenvolvimento de verdadeiros subcentros, estando o comércio limitado a um CBD medíocre e, afora isso, apenas a um comércio de bairro ou pouco mais que isso.

Em muitas circunstâncias, os subcentros não só florescem mas, gradualmente, vão "roubando a cena" do próprio CBD. É um fenômeno comum nos núcleos metropolitanos brasileiros uma perda de prestígio, ou mesmo uma visível decadência do CBD; o comércio mais chique e os serviços mais refinados, que antes lá se encontravam concentrados, tendem a deixá-lo em troca de outros locais, buscando uma maior proximidade com os consumidores de alto poder aquisitivo. Esse fenômeno, que já vinha se notando, no Brasil, há algumas décadas (o caso do Rio de Janeiro é exemplar, com o subcentro de Copacabana, que data dos anos 60), foi intensificado quando, a partir da década de 80, se estabelece solidamente e começa a proliferar um outro símbolo da descentralização das atividades terciárias, o *shopping center*. Diferentemente dos subcentros tradicionais, o *shopping center* não é "aberto", mas é, isso sim, um espaço (normalmente, um grande prédio) nitidamente separado do ambiente externo e onde a preocupação com a segurança é uma constante. Aliás, em grande parte devido ao crescente clima de insegurança reinante nas grandes cidades, no Brasil assim como em outros países, o *shopping center* vem desbancando os subcentros tradicionais, os quais, algumas vezes, entram em visível declínio, da mesma maneira como o próprio CBD.

Enquanto o CBD propriamente dito era e, apesar de tudo, ainda é um espaço de atividades terciárias em grande parte especializadas e sofisticadas (comumente circundado por uma área comercial de padrão muito mais baixo, correspondendo, total ou parcialmente, a áreas ditas *de obsolescência* ou *deterioradas*, onde uma população moradora de baixo poder aquisitivo se mistura com comércio popular, oficinas etc.), os subcentros apresentam um *status* que reflete as características socioeconômicas da população que reside em seu entorno. Há subcentros de alto *status*, de médio *status* e, até, subcentros populares, na periferia metropolitana. No caso das cidades de um país como o Brasil, os próprios *shopping centers*, inicialmente associados a uma imagem de "exclusividade" e sofisticação, tendem a se adaptar, à medida que se multiplicam no tecido urbano, às condições socioeconômicas dos contextos imediatos nos quais se inserem; surge, assim, a figura do "*shopping* popular", voltado para o atendimento de uma classe média "suburbana" ou até periférica.

Os espaços residenciais, como se sabe muito bem, também se diferenciam entre si sob o ângulo socioeconômico. No Brasil, ao menos de forma *direta*, a variável renda é a principal definidora dessa diferenciação. O que não quer dizer, contudo, que, *indireta* ou *mediatamente*, outros fatores, especialmente o fator étnico ("racial"), não esteja entrelaçado, historicamente, com o fator renda: a maioria dos moradores de favelas nas cidades do Sudeste, do Nordeste e do Centro-Oeste do Brasil é afrodescendente (negros e mulatos), e mesmo no Sul do país, onde há uma presença muito mais expressiva de brancos pobres residindo em favelas, boa parte da população favelada descende de escravos africanos; isso mostra, muito eloqüentemente, a força de inércia de uma "liberdade" formalmente conquistada há mais de um século, mas que não veio acompanhada de condições reais de acesso à qualificação profissional, à educação e à moradia digna, do que resultou uma reprodução, geração após geração, de um quadro geral de pobreza e estigmatização. No Norte do país, além da presença dos afrodescendentes, os descendentes de um outro grupo oprimido, os indígenas (descendentes esses denominados de "caboclos"), representam parcela considerável dos moradores de áreas pobres. Seja como for, em alguns outros países, o fator étnico é que acaba sendo o principal, de modo muito claro.

Em termos muito gerais, essa diferenciação entre as áreas residenciais de uma cidade – diferenciação, em última análise, em matéria de condições de qualidade de vida, incluindo aí tanto aspectos materiais como coisas imateriais como prestígio e poder – reflete uma diferenciação entre grupos sociais. Em outras palavras: diferenças econômicas, de poder, de *status* etc. entre diversos grupos sociais se refletem no espaço, determinando ou, pelo menos, influenciando decisivamente onde os membros de cada grupo podem viver. Essas diferenças econômicas, de poder e de prestígio são função de várias coisas, potencialmente: em uma sociedade capitalista moderna, são função, primeiramente, da *classe social* do indivíduo, a qual tem a ver com a posição que ele ocupa no *mundo da produção*. É lógico que, além das grandes classes em sentido estrito (sobretudo os empresários ou capitalistas, isto é, os proprietários de → *meios de produção*, e os trabalhadores assalariados, que têm de vender a sua força de trabalho para sobreviver, além de outras classes, como os profissionais liberais independentes), subdivisões dessas classes, as chamadas *frações de classe*, são referências importantes: capitalistas industriais, capitalistas ligados ao setor imobiliário etc., por exemplo. Contudo, como já se disse, outros fatores além do econômico, devem ser considerados: o pertencimento a um grupo étnico, cultural-lingüístico ou religioso define, em muitas sociedades, linhas de clivagem muito fortes, às vezes intransponíveis, e que se refletem nas separações dos grupos assim definidos no espaço da cidade. Pense-se, por exemplo, nos guetos de judeus na Europa, durante séculos – em alguns países da Europa Oriental até meados do século XX (a palavra "gueto", aliás, tem origem com o famoso *guetto* de Veneza, no século XVI, única área na qual era permitido aos judeus residirem); pense-se, também, nas cidades sul-africanas da época do *Apartheid*, onde a população negra não possuía livre mobilidade espacial e vivia confinada em áreas pobres como a famosa área pobre de Soweto, nos arredores de Johannesburgo; pense-se, por fim, nos Estados Unidos, onde pertencer a uma minoria étnica foi e continua sendo um fator decisivo para se determinar onde se irá viver.

O fenômeno da *segregação residencial* é, sem dúvida, muito geral ao longo da história da urbanização. Quase sempre existiram grupos que, devido à sua pobreza, à sua etnia ou a outro fator eram forçados a viverem em certas áreas (geralmente as menos atraentes e bonitas, menos dotadas de infra-estrutura, mais insalubres etc.), sendo, na prática ou até formalmente, excluídos de certos espaços, reservados para as classes e grupos dominantes da sociedade. A *segregação (residencial) induzida* pode ser observada em cidades desde a Antigüidade. O moderno capitalismo, inicialmente na Europa, depois em outras partes do mundo, irá, todavia, acarretar uma mudança de magnitude (e de escala) no padrão de segregação. Considere-se uma cidade européia medieval: nela, a separação espacial entre ricos e pobres, ou entre segmentos sociais com *status* diverso, era, ainda, pouco complexa, em comparação com uma grande cidade capitalista industrial do século XIX na própria Europa, ou em uma grande cidade no "Terceiro Mundo" atual. Na cidade medieval havia, sem dúvida, uma dimensão "horizontal" da divisão espacial do trabalho (como no caso dos bairros onde se concentravam os artesãos vinculados a uma dada corporação de ofício) e da separação entre estratos sociais, mas a mistura de classes e estratos era grande, sobretudo do ponto de vista "vertical": no mesmo prédio coabitavam o mestre artesão e sua família, seus aprendizes e empregados e o local de trabalho, ocupando andares diferentes. Em contraste, o capitalismo trará consigo uma separação crescente entre local de trabalho e local de moradia, e os locais de moradia dos proletários tenderão a se distanciar dos locais de moradia dos industriais e, até certo ponto, e cada vez mais, também dos locais de moradia dos pequeno-burgueses e profissionais liberais – enfim, da dita classe média.

As diferenças entre a segregação em uma cidade norte-americana contemporânea e em uma grande cidade brasileira são, todavia, enormes, apesar de serem ambas produtos de um modelo social capitalista. Nos EUA, a etnicidade possui um significado imenso enquanto um fator que, em si, e independentemente de outros fatores (como a renda), determina a segregação de certos grupos. Além do mais, os grupos segregados correspondem a *minorias*, basicamente a minorias étnicas. A literatura clássica sobre segregação residencial, que é principalmente norte-americana, tende a apresentar a segregação, por conseguinte, como um problema de grupos minoritários. No Brasil, diversamente, a segregação afeta uma enorme parcela, não raro a maioria da população de uma cidade, a qual mora em favelas, em loteamentos de periferia ou em cortiços. Não se trata, nessa situação, da segregação de um grupo específico, por razões fortemente étnicas ou culturais, embora a correlação entre pobreza e etnicidade seja, conforme já se disse, forte; o que se tem é uma situação na qual os pobres são induzidos, por seu baixo poder aquisitivo, a residirem em locais afastados do CBD e das eventuais amenidades naturais e/ou desprezados pelos moradores mais abastados. Nesses locais, não é apenas a carência de infra-estrutura, a contrastar com os bairros privilegiados da classe média e das elites, que é evidente; a *estigmatização* das pessoas em função do local de moradia (periferias, cortiços e, principalmente, favelas) é muito forte. Sérios problemas de integração e de convivência entre grupos sociais diferentes e de autoestima coletiva costumam estar associados a essa questão. Por isso, mesmo se tratando de maiorias, e não de minorias, como nos EUA, faz sentido, sim, falar-se, também a propósito das cidades de um país como o Brasil, de segregação residencial, e não meramente de "exclusão".

Sobre o termo "exclusão", hoje em dia tão na moda, faço questão de ressaltar, de passagem, como eu já havia feito em trabalhos anteriores, que ele é ardiloso. É preciso, ao usá-lo, no mínimo qualificar muito bem em relação a que ou de que os pobres urbanos estão excluídos. No sentido preciso de excluídos das benesses do sistema, ou de certos ambientes, OK; o que não é correto é expressar-se genericamente, pois corre-se o risco de esquecer que a maioria dos pobres urbanos está *integrada*, sim, econômica e mesmo política e culturalmente, no sistema, enquanto trabalhadores explorados, consumidores de baixo poder aquisitivo e eleitores, muitas vezes até como eleitores de políticos conservadores... Até mesmo os que encontram ocupação no setor informal estão, de alguma forma, aqui e ali, integrados no interior do sistema econômico, a despeito da precariedade de suas condições de vida. Nem mesmo traficantes de drogas de varejo baseados em favelas deixam, em última instância, de estar vinculados a um sistema que os arma e financia.

É evidente que, no caso da segregação induzida, as pessoas não "escolhem" viver aqui e não ali, sendo forçadas a isso. Mesmo quando, no decorrer de gerações, se percebe que os membros de determinados grupos (especialmente no caso de minorias étnicas) como que relutam, muitas vezes, em abandonar o gueto ou equivalente, se aventurando a morar em outras partes da cidade, mesmo tendo condições econômicas para isso, tal fato não deve ser confundido com uma "escolha": afinal, é o medo de ser hostilizado ou de se se sentir só (e, se é difícil ser minoria em grupo, o é muito mais quando se está sozinho) que influencia a decisão. Isso poderia, à primeira vista, ser interpretado como uma espécie de auto-reprodução da segregação, mas o fato é que é a persistência de certos preconceitos ou ódios, disseminados no interior da sociedade, que dificulta a mobilidade espacial dos membros de grupos minoritários, mesmo quando alguns deles alcançam um poder aquisitivo suficiente para residir em áreas de mais alto *status*. Esse é um problema ainda muito forte nos EUA, apesar do notável progresso da população negra norte-americana nas últimas décadas. No Brasil, por outro lado, é comum, em meio a um universo cultural um tanto hipócrita, "esquecer" ou "relevar" a cor da pele de um negro ou mulato economicamente bem-sucedido; é o chamado "branqueamento cultural", o qual, erroneamente, induz muitos a acreditarem que no nosso país não há racismo, e que a única questão relevante a ser enfrentada, em matéria de (in)justiça social, é a da pobreza.

Diferentemente, no caso da *auto-segregação* são as pessoas que fazem a opção de se afastar ou apartar o mais possível da cidade. Esta é vista como barulhenta, congestionada e, por isso desagradável. E, como também é sinônimo de pobreza pelas ruas, de asssaltos etc., é vista como mais do que desagradável: é vista como *ameaçadora*. A auto-segregação, nas grandes cidades da atualidade, está fortemente vinculada à busca por segurança por parte das elites, embora esse não seja o único fator. Exemplos de espaços residenciais auto-segregados são, no Brasil, os condomínios exclusivos da Barra da Tijuca, no município do Rio de Janeiro, e o chamado "Complexo de Alphaville", na Região Metropolitana de São Paulo.

Alguém poderia alegar que, também no caso da auto-segregação, tampouco se trata de uma "escolha", pois as pessoas tentam escapar de problemas. Essa seria, porém, uma interpretação forçada, por duas razões: primeiramente, porque os que se auto-segregam não costumam ver seus antigos espaços com olhos nostálgicos, ou seus novos espaços como representando uma perda; em segundo lugar, porque os que se auto-segregam, na condição de moradores, são, em grande parte, os mesmos que, na condição de elite dirigente, são, ao menos, co-responsáveis pela deterioração das condições de vida na cidade, inclusive no que se refere à segurança pública, seja por suas ações, seja por sua omissão. Em suma: há de se manter uma distinção muito forte entre a segregação induzida e a auto-segregação.

Levando-se em conta essa diferenciação das áreas intra-urbanas segundo a renda e o *status* dos grupos sociais, e considerando ainda a localização das atividades industrial e comercial, foram, ao longo do século XX, propostos diversos *modelos* da organização interna da cidade. Um modelo tem por finalidade apresentar alguns traços essenciais de uma realidade; no caso de um modelo gráfico para o qual se pretenda um alcance menos ou mais geral (as cidades de um país ou continente, ou de um determinado "modelo social"), as formas e estruturas espaciais terão de ser representadas de modo estilizado. Um modelo implica, sempre, uma simplificação, e as razões pelas quais se constrói um modelo podem ser, pelo menos, duas: uma razão *didática*, facilitando a comunicação de aspectos fundamentais e deixando de lado, ao menos em um primeiro momento, traços menos essenciais; e uma razão prática para o próprio pesquisador, ou → "*heurística*", como se diz tecnicamente, a qual, ao longo do processo de elaboração do modelo, estrutura e disciplina melhor o próprio raciocínio espacial do estudioso e a própria análise. Um modelo bem construído, porém, é aquele que não sonega coisas essenciais e muito menos distorce a realidade, caricaturando-a; além disso, quem apresenta o modelo deve deixar claro que está bem consciente do nível de simplificação implicado. O que é impossível é um modelo retratar "tudo": caso contrário, não seria um modelo. Encontrar o equilíbrio entre "elementos demais" e "elementos de menos" em um modelo gráfico é quase uma "arte"; assim como o excesso de simplificação induz a equívocos, é contraproducente um modelo ser sobrecarregado com detalhes, o que o torna pesado e antididático até para profissionais da área.

O primeiro e, até hoje, mais famoso modelo de organização interna da cidade, é o de *E. Burguess*, sociólogo pertencente à célebre Escola de Chicago, o qual, nos anos 20, propôs um modelo em que a cidade aparecia como um conjunto de círculos concêntricos (vide figura 4), tendo no centro o CBD, em seguida o anel das áreas de obsolescência (com seus guetos, sua boemia etc.), depois dele o da classe trabalhadora mais bem integrada e, por fim, o anel das camadas privilegiadas. Para Burguess, representante do que ficou conhecido como abordagem de "Ecologia Humana", uma certa analogia com as leis da natureza, especialmente com a teoria de Darwin sobre a seleção natural, seria cabível para se explicar a dinâmica urbana: a sociedade urbana testemunharia a "sobrevivência do mais forte" em meio à "luta pela vida", com aqueles indivíduos mais aptos e talentosos conseguindo escapar do gueto. O que Burguess e a Escola de Chicago, assim, punham em primeiro plano, não era uma *estrutura social* menos ou mais justa, mas os *indivíduos*, competindo entre si. Expressão mais clara do individualismo norte-americano, impossível. Outros modelos muito conhecidos são o de *H. Hoyt* e o de *C. Harris e U. Ulmann* (vide figura 5). O modelo de Hoyt toma o de Burgess como base, mas o torna mais complexo ao combinar círculos com setores (refinamento introduzido ao levar-se em conta a influência da malha viária e dos transportes). Quanto ao de *Harris e Ulmann*, também conhecido como "modelo de múltiplos núcleos", ele procura fazer justiça à descentralização do setor terciário no interior da grande cidade, destacando a existência de subcentros de comércio e serviços, e à presença de áreas industriais e residenciais localizadas no entorno da cidade, as quais correspondem, no caso das áreas residenciais, aos *suburbs* (os quais, diferentemente dos "subúrbios" de certas grandes cidades brasileiras, são, normalmente, áreas residenciais de *status* médio ou mesmo alto).

Inspirados na realidade americana, esses modelos, independentemente de seus vieses ideológicos explicativos, não davam conta, adequadamente, nem sequer em termos descritivos, da realidade espacial de outras realidades que não a norte-americana. Com o

Figura 4

MODELO DE ORGANIZAÇÃO INTERNA DA CIDADE DE E. BURGESS

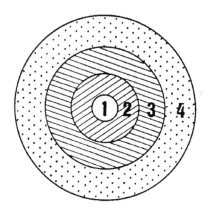

1. Distrito Central de Negócios (CBD)
2. "Área de transição"
3. Área residencial da classe trabalhadora
4. Área residencial dos estratos de renda médio e alto

Figura 5

MODELOS DE ORGANIZAÇÃO INTERNA DA CIDADE DE
H. HOYT (1) E C. HARRIS E E. ULLMAN (2)

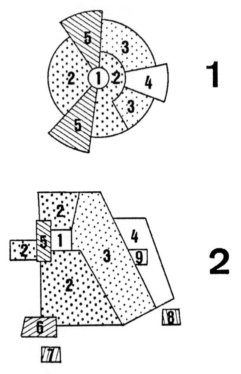

1 Distrito Central de Negócios (CBD)

2 Área residencial do estrato de renda baixo

3 Área residencial do estrato de renda médio

4 Área residencial do estrato de renda alto

5 Comércio atacadista e indústrias leves

6 Indústria pesada

7 *Suburb* residencial (*status* médio/alto)

8 *Suburb* industrial

9 Subcentro de comércio e serviços

tempo, assim, foram sendo criticados menos ou mais profundamente, e às vezes substituídos por outros ou até adaptados para as cidades de outros países e continentes: surgiram, assim, modelos espaciais da "cidade européia ocidental", da "cidade islâmica", da "cidade latino-americana"... O nível de concretude, quer dizer, de proximidade com a realidade, tendeu a aumentar, mas permaneceu, mesmo assim, insuficiente – até porque, nem sempre os autores tinham perfeita consciência de que as realidades cujas cidades eles pretendiam dissecar por meio de seus modelos eram, na verdade, mais heterogêneas do que eles induziam o leitor a pensar. Por exemplo, por mais útil que seja, o modelo dos geógrafos alemães *Bähr e Mertins* para a "cidade latino-americana", do começo dos anos 80, foi, a rigor, inspirado pelo contato empírico intenso dos autores com alguns poucos países da América *hispânica* (e, do ponto de vista de sua construção gráfica, visivelmente se inspirou no modelo "dos setores" de Hoyt), tendo sido a realidade urbana brasileira, diferente em alguns aspectos da de outros países latino-americanos, essencialmente deixada de lado.

No começo da década de 90, tive a oportunidade de modelar a organização interna do Rio de Janeiro. O que daí resultou foi, primeiramente, um mapa, com um forte grau de simplificação e generalização, que apresenta uma classificação dos espaços da cidade. O mapa da figura 6 é uma versão atualizada e um pouco modificada daquela outra, do começo dos anos 90. O seu nível de abstração é muitíssimo menor que o de um modelo gráfico que tenha a pretensão de dar conta de aspectos das cidades de todo um país ou continente, ou mesmo de um modelo gráfico como aquele que, por razões práticas, apresento desdobrado em duas figuras (7 e 8), também sobre o Rio de Janeiro, modelo esse que representa um século e meio da evolução da cidade. Essa muito menor abstração não é, em princípio, nem uma vantagem, nem uma desvantagem, pois tanto esquemas muito particulares, como esse do Rio de Janeiro, quanto modelos mais gerais e abstratos podem ser úteis, desde que sejam elaborados criteriosamente. De qualquer maneira, a referida "radiografia" da organização interna da metrópole carioca, na sua maior parte, não deixa de ser útil para a compreensão da estrutura espacial das grandes cidades brasileiras em geral, mesmo não tendo existido essa intencionalidade. Vale a pena, por isso, reproduzi-lo. Ele traz a Região Metropolitana do Rio de Janeiro classificada em quatro grandes tipos de espaços sociais: o *núcleo*, que corresponde àquela parte do município do Rio de Janeiro (abrangendo, também, parte de Niterói) que apresenta uma ocupação mais densa, sem muita margem de manobra para especulação imobiliária horizontal em larga escala, e onde não há grande carência de infra-estrutura técnica, ainda que a sua qualidade varie conforme o *status* do bairro (as exceções são, sem dúvida, as favelas, que, no caso do Rio, se encontram, em grande parte, encravadas no próprio núcleo); a *periferia*, que é aquele espaço dominado, tipicamente (mas não exclusivamente!) por → *loteamentos irregulares* e grandes glebas mantidas ociosas ou subutilizadas, refletindo uma especulação fundiária em grande escala; o *espaço de atração da auto-segregação*, a "Nova Zona Sul", basicamente correspondendo à Barra da Tijuca, que encerra a maior parte dos condomínios exclusivos que são o símbolo do processo de auto-segregação; e, finalmente, a *franja rural-urbana* (tipo de espaço conhecido, também, como *espaços periurbanos*) já conceituada no Cap. 1, e que são, recapitulando, aqueles espaços preteritamente rurais, mas que, mais e mais, são tomados por uma lógica urbana de uso da terra (especulação fundiária, residências de fim-de-semana ou mesmo principais de famílias de classe média, algumas favelas, atividades de lazer, restaurantes etc.), sendo a agricultura algo puramente residual, ou um verniz, uma aparência que esconde a essência mais profunda.

Também na mesma época, no começo da década de 90, elaborei o outro modelo gráfico, mais abstrato, que representa um século e meio da evolução urbana do Rio de Janeiro, e que as figuras 7 e 8 reproduzem em uma versão ligeiramente modificada e parcialmente atualizada. A conveniência de apresentá-lo aqui, creio, reside no fato de que ele não é de difícil visualização nem sequer para leigos, e os comentários a cada fase da evolução urbana retratada permitem, muitas vezes (mas nem sempre, pois cada situação concreta possui suas peculiaridades!), vislumbrar analogias com processos semelhantes desenrolados em outras grandes cidades brasileiras. O esquema rela-

Figura 6

REGIÃO METROPOLITANA DO RIO DE JANEIRO: CLASSIFICAÇÃO DA ORGANIZAÇÃO ESPACIAL EM GRANDES TIPOS SEGUNDO A DINÂMICA ECONÔMICO-SOCIAL

(SITUAÇÃO NO FINAL DOS ANOS 90)

- Áreas conurbadas e centros isolados
1. Núcleo metropolitano
2. Periferia
3. Espaço de atração da auto-segregação
4. Franja rural-urbana (espaços periurbanos)
--- Limite da região metropolitana
___ Limite municipal

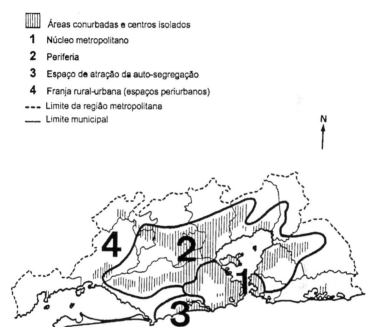

tivo à *segunda metade do século XIX* corresponde a um Rio de Janeiro com um CBD ainda em formação, e em cujo entorno existiam numerosos cortiços e casas de cômodos; a segregação residencial era, também, relativamente pouco complexa, em termos comparativos. A situação em *meados dos anos 20* do século passado já era distinta: já tendo passado pela Reforma Pereira Passos e pelo desmonte do Morro do Castelo, a maior parte dos cortiços e casas de cômodos havia sido erradicada da área central, e as favelas se multiplicavam pelo tecido urbano. Mais um salto e, em *meados dos anos 40*, está-se diante de um quadro mais complexo no que se refere à segregação residencial: já se distingue com muita clareza uma periferia, onde proliferam os loteamentos irregulares, em contraposição ao núcleo, onde ainda se concentram as favelas que continuam a se multiplicar. Os primeiros conjuntos habitacionais também já haviam surgido. No *começo dos anos 70*, o que o esquema mostra é o ápice do processo de remoção de favelas, com a transferência de suas populações para conjuntos habitacionais situados na periferia ou em subúrbios distantes. A existência de subcentros de comércio e serviços (como Copacabana, Praça Saens Peña, Méier e Madureira) é, igualmente, um fenômeno relevante ali indicado. Por fim, no *começo do século XXI*, situação retratada no modelo da figura 8, o fato novo apontado no esquema, e que remonta à segunda metade da década de 70 e daí em diante, é a formação do espaço de atração da auto-segregação como uma extensão da Zona Sul, ele próprio abrigando um subcentro de comércio e serviços e se achando, cada vez mais, "perturbado" por favelas que vão, aos poucos, se fazendo presentes até mesmo ali. (O leitor interessado na evolução urbana do Rio de Janeiro pode recorrer, para o necessário aprofundamento, ao livro de Mauricio de Almeida Abreu, citado na **Bibliografia comentada,** que abrange desde a formação da cidade até a maior parte do século XX.)

Figura 7

MODELO DA EVOLUÇÃO DA SEGREGAÇÃO SÓCIO-ESPACIAL NA CIDADE DO RIO DE JANEIRO: DA SEGUNDA METADE DO SÉCULO XIX AO COMEÇO DOS ANOS 70

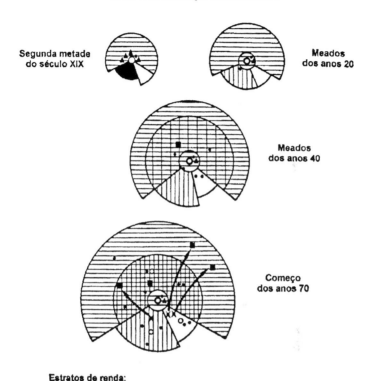

Segunda metade do século XIX

Meados dos anos 20

Meados dos anos 40

Começo dos anos 70

Estratos de renda:
- Alto + médio-alto
- Predominantemente médio
- Baixo
- Predominantemente baixo
- Baixo + médio
- Pouca diferenciação

- ○ CBD em formação
- ● CBD
- ○ Subcentro
- ▲ Cortiço, casa de cômodos
- • Favela
- ✗ Favela removida
- ■ Conjunto habitacional
- → Transferência forçada de população

Figura 8

MODELO DA SEGREGAÇÃO SÓCIO-ESPACIAL NA CIDADE DO RIO DE JANEIRO: SITUAÇÃO NO COMEÇO DO SÉCULO XXI

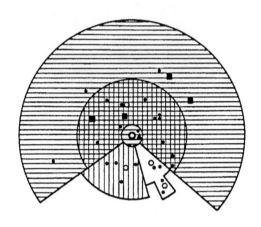

Estratos de renda:

- Alto + médio-alto
- Predominantemente médio
- Baixo
- Baixo + médio

- O   CBD
- o   Subcentro
- •   Favela
- ■   Conjunto habitacional
- ▲   Cortiço, casa de cômodos

5. Problemas urbanos e conflitos sociais

Quais são os "problemas urbanos"? Essa pergunta chega a parecer malfeita, pois o número de problemas é, aparentemente, infinito, especialmente em uma grande cidade do "Terceiro Mundo". E, diga-se (ou pergunte-se) de passagem: existem problemas especificamente *urbanos*, ou apenas problemas *sociais gerais na cidade*?

Tome-se o exemplo da *violência urbana*. É claro que a violência tem se manifestado desde sempre tanto na cidade como no campo, e nas mais diferentes formas possíveis: guerras convencionais, guerras civis, revoluções, crimes políticos, crimes passionais, latrocínios (ou seja, roubo seguido de morte)... Naturalmente, não haveria de ser o simples fato de que uma dada manifestação de violência tem como palco uma cidade que bastaria para qualificá-la de tipicamente ou especificamente urbana. Um crime passional, perpetrado por um marido ciumento, pode ser cometido em um apartamento no centro de São Paulo (ou de Manhattan, ou da Cidade do México...) e em uma casa de campo; estupros ocorrem freqüentemente na periferia do Rio de Janeiro e ocorreram, maciçamente, em áreas rurais na Bósnia, em passado recente, como a imprensa internacional fartamente divulgou; massacres foram tanto os de Vigário Geral (favela do Rio de Janeiro), da Candelária (no centro do Rio) ou do Carandiru (penitenciária de São Paulo), nos anos 90, quanto o de Eldorado dos Carajás, que vitimou trabalhadores rurais sem-terra no Pará, também na década passada. Há, porém, alguns tipos de manifestação de criminalidade violenta, ou de violência em geral, que estão intimamente conectados às peculiaridades do espaço urbano (formas espaciais, modos de vida e estratégias de sobrevivência): a violência no trânsito; os quebra-quebras de protesto em estações ferroviárias ou de ônibus; os conflitos entre quadrilhas rivais de traficantes de drogas; os choques entre gangues de ruas ou bairros diferentes... Diante disso, pode-se dizer que, ao mesmo tempo que as causas da violência são múltiplas (variando, evidentemente, com o tipo específico de violência ou crime violento, e existem numerosíssimos tipos) e têm a ver com fatores que podem dizer respeito a fenômenos em várias escalas, da internacional à doméstica, existem, sim, certas manifestações de violência ou crime violento tipicamente urbanas, inclusive algumas bastante específicas de grandes cidades.

Dois grandes conjuntos de problemas, ou duas grandes problemáticas, associam-se fortemente às grandes cidades: a da *pobreza* e a da *segregação residencial*. A pobreza, obviamente, nada parece ter de típica ou especificamente urbano, à primeira vista. Sabe-se, inclusive, que a pobreza, nos países do "Terceiro Mundo", é quase sempre maior no campo que na cidade, pois é nas áreas rurais que os percentuais de → *pobreza absoluta* costumam ser maiores. Contudo, a *pobreza urbana* se reveste de peculiaridades, tanto por conta de suas formas de expressão espacial características (favelas, periferias pobres, áreas de obsolescência), quanto por causa das estratégias de sobrevivência, legais e ilegais, que a ela se vinculam (do comércio ambulante ao tráfico de drogas de varejo).

Quanto à *segregação residencial*, ela é, essencialmente, um produto da cidade. Meros povoados ou aldeias rurais não possuem uma complexidade que dê origem a bairros inteiros ou grandes espaços segregados, sendo, pelo contrário, relativamente homogêneos. A segregação residencial é um fenômeno urbano, e da grande cidade muito mais que das cidades pequenas. A segregação residencial é um problema por várias razões. Destacarei duas:

1) Menos segregação residencial tende a significar maiores chances de interação entre grupos sociais diferentes, e maior interação tende a facilitar enormemente a demolição de preconceitos. Teme-se e odeia-se muito mais facilmente aqueles que, no fundo, não se conhece, embora se pense conhecer; é mais difícil ou menos provável questionar o estatuto de humanidade daqueles que são diferentes e deixar de reconhecer as semelhanças entre "nós" e "eles" quando há mais convivência. A convivência favorece a tolerância; a segregação realimenta a intolerância.

2) Melhores condições de habitação, na escala da casa e também na escala do local de moradia em sentido mais amplo, na esteira de investimentos públicos em infra-estrutura técnica e social, em habitação popular, em regularização fundiária etc., devem contribuir para uma diminuição dos preconceitos contra os espaços segregados típicos das cidades brasileiras, especialmente no caso das favelas. Menos preconceitos podem ter, a médio ou longo prazo, uma repercussão bastante positiva na auto-estima coletiva, o que, por sua vez, é um componente importante de um processo de desenvolvimento urbano autêntico (sobre a idéia de desenvolvimento urbano voltarei a discorrer, especificamente, no próximo capítulo).

A segregação residencial é um resultado de vários fatores, os quais, em si, são altamente problemáticos: da pobreza (e do racismo, sobretudo em uma situação como a dos EUA) ao papel do Estado na criação de disparidades espaciais em matéria de infra-estrutura e no favorecimento dos moradores de elite (principalmente em um país como o Brasil). Superar ou reduzir a segregação depreende a superação ou a redução desses problemas. Em uma hipotética situação, na qual todos os grupos fossem igualmente poderosos e materialmente bem aquinhoados, e na qual as diferenças se restringissem a diferenças étnico-culturais, o problema se circunscreveria, provavelmente, às dificuldades e aos atritos obscurantistas derivados dos preconceitos e da falta de diálogo. Injustiça social, contudo, não seria uma questão central. Em uma cidade capitalista, no entanto, especialmente se situada em um país (semi)periférico, o quadro é muito diverso: a segregação está entrelaçada com disparidades estruturais na distribuição da riqueza socialmente gerada e do poder. A segregação deriva de desigualdades e, ao mesmo tempo, retroalimenta desigualdades (→ *retroalimentação positiva*), ao condicionar a perpetuação de preconceitos e a existência de intolerância e conflitos.

À pobreza urbana e à segregação residencial podem ser acrescentados outros problemas, não raro intimamente associados com elas duas. Um deles é o da *degradação ambiental*, em relação à qual, aliás, se percebe, em cidades como as brasileiras, uma interação entre problemas sociais e impactos ambientais de tal maneira que vários problemas ambientais, que irão causar tragédias sociais (como desmoronamentos e deslizamentos em encostas, enchentes e poluição atmosférica), têm origem em problemas sociais ou são, pelo menos, agravados por eles. Às vezes, os próprios pobres são *imediatamente* responsáveis por certos impactos, conquanto não o sejam *em última instância* (por exemplo, não seria justo nem correto culpar simplesmente os pobres que desmatam e perturbam a drenagem natural em uma encosta urbana para construir casas de favela sem levar em consideração o contexto econômico-social que os induz a isso). Por outro lado, aqueles que, em última análise, menos são responsáveis pelos impactos ambientais, já que não pertencem à elite dominante da sociedade, são, também, aqueles que menos ganham com as atividades que geram os impactos e, por fim, os que menos têm condições de se proteger dos efeitos sociais negativos derivados dos impactos ambientais. Explicando melhor, com a ajuda de um exemplo: ao contrário dos empresários e dos quadros de executivos situados à frente de indústrias causadoras de poluição do ar, os trabalhadores pobres ali empregados não somente se beneficiam apenas residualmente dos lucros gerados pela atividade, cuja gestão escapa ao seu poder decisório, como também, além disso, não têm muita escolha em matéria de local de moradia, tendo que se sujeitar a uma exposição muito mais intensa e direta à poluição que, muitas vezes, as suas próprias fábricas acarretam. Moral da história: atividades que geram impactos negativos podem ser maléficas, devido ao próprio impacto, para uma enorme parcela da sociedade, mas não para todos, caso contrário não seriam praticadas; se o são, é porque há quem lucre, e às vezes muitíssimo, com elas. De outra parte, os que menos ganham, direta ou mesmo indiretamente, com essas atividades impactantes, são, também, normalmente os que menos têm capacidade para se proteger, por meio de um local de moradia aprazível e afastado, das fontes de impactos negativos. As perdas e os ganhos com as atividades acarretadoras de efeitos ambientais negativos se acham, assim, muito desigualmente distribuídos sócio-espacialmente, caracterizando uma situação de flagrante injustiça.

Outro problema é o conjunto de dificuldades vinculadas a um sistema de tráfego ineficiente, anti-ecológico e caro. A prioridade do veículo particular de transporte de passageiros é evidente no Brasil; ela reflete tanto distorções de mentalidade e defeitos de planejamento quanto, sem dúvida, a influência da poderosíssima indústria automobilística e seus interesses. Mesmo o transporte coletivo intra-urbano, que tem como clientela básica a população pobre, se baseia quase que exclusivamente em ônibus. Os antigos *bondes*, que são pequenos trens urbanos cujos trilhos, ao menos em parte, se superpõem às vias também utilizadas pelos automóveis particulares, ônibus e caminhões, desapareceram das cidades brasileiras, sob alegações como a de que eram um entrave ao progresso, a de que atrapalhavam o trânsito e coisas que tais; ironicamente, é esse o mesmo tipo de veículo de transporte coletivo de passageiros que, ainda hoje em dia, pode ser encontrado em tantas cidades européias, e das quais os europeus não abrem mão... (É óbvio que se trata, aí, de bondes modernos e rápidos, coisa que pode até soar paradoxal entre nós, já que a imagem que temos dos bondes, congelada no tempo, é a de uma peça digna de um museu.) O metrô, especialmente aquele propriamente dito, subterrâneo (não me refiro ao chamado "metrô de superfície"), é uma solução ecologicamente satisfatória, mas é excessivamente cara para ser razoável para as grandes cidades de países periféricos e semiperiféricos, ou, pelo menos, para a esmagadora maioria delas.

No Brasil, a deformação que é a exagerada prioridade dada ao transporte particular e ao transporte sobre rodas movido a derivados de petróleo em geral, em detrimento do transporte sobre trilhos, não esconde, a despeito das tentativas de pintá-la como eficiente, pelo fato de que permite uma flexibilidade muito maior, que ela traz enormes custos para a cidade como um todo. A expansão urbana, em vez de acompanhar eixos bem definidos, que são aqueles determinados pelos corredores ferroviários, avança em todas as direções como uma mancha de óleo, embora, ao mesmo tempo, avance aos "saltos", devido à presença dos "vazios urbanos" a serem debitados na conta da especulação imobiliária. A demanda por instalação de infra-estrutura cresce de maneira assustadora, à medida que a malha viária se multiplica rapidamente, e as distâncias, a serem vencidas, em grande ou na maior parte, na base do transporte sobre rodas, vão aumentando e aumentando. A flexibilidade de deslocamento proporcionada pelo transporte sobre rodas não deve nos cegar quanto ao alto custo econômico (os trens transportam mais gente a um custo menor) e ecológico (poluição atmosférica e sonora maior) associado a essa modalidade de transporte. Isso não significa que o transporte sobre rodas deva ser draconianamente condenado; significa, tão-somente, que a ênfase não deve ser dada a ele, e sim ao transporte de massa sobre trilhos, e que o resultado deve ser uma solução de compromisso, na base de uma combinação inteligente das várias modalidades de transporte. Isso, que tantas vezes é julgado como válido até mesmo aos olhos de europeus, olhando para as suas próprias cidades, deveria ser uma regra de ouro entre nós, habitantes de cidades onde a disponibilidade para investimentos em infra-estrutura é, normalmente, muito menor! Infelizmente somos, para variar, também aqui, mais realistas que o rei. E o curioso é que essa opção deformada, que privilegia a parcela da população que possui automóvel particular, acaba, no fundo, sendo ruim para quase todos, até mesmo para a classe média: não apenas devido aos custos ecológicos, ou porque o custo econômico maior pesará nos bolsos dos contribuintes em geral, mas também porque os engarrafamentos, cada vez mais insuportáveis, irão afetar a quase totalidade da população. A figura 9 busca retratar as diferenças espaciais no padrão de expansão urbana em duas cidades hipotéticas: uma, onde o transporte sobre rodas reina soberana e exclusivamente ("Rodópolis"), e outra, onde o transporte sobre trilhos foi preservado e expandido ("Trilhópolis"). Nesta última, são principalmente os eixos de circulação sobre trilhos que arcam com a função de orientar a expansão urbana, embora, logicamente, não substituam inteiramente o transporte sobre rodas coletivo ou privado, que segue sendo importantíssimo e imprescindível.

Como as pessoas reagem aos problemas urbanos? Reagem de maneiras diferentes, conforme a classe social e as circunstâncias: migrando para outra parte da cidade ou mesmo outra cidade e até outra região, enclausurando-se em "condomínios exclusivos", organizando-se para reivindicar, saqueando supermercados, quebrando trens e incendiando ônibus em sinal de protesto... Certas reações, como as estratégias de sobrevivência ilegais, contribuem, em si mesmas, para agudizar a problemática de declínio dos padrões de sociabilidade e qualidade de vida experimentados, de forma tão dramática, nas grandes cidades brasileiras, em especial nas metrópoles, sem que, por outro lado, se constituam em reações construtivas que possam colaborar, no longo prazo, para melhorar a qualidade de vida dos pobres. No entanto, o crime se apresenta como uma "opção" aceitável quando os indivíduos percebem ou crêem que as "opções" conformes à lei e mais convenientes para a parcela privilegiada da população, como resignar-se a salários miseráveis ou a esmolar, não valem a pena ou são ainda piores que os riscos e sofrimentos que uma "carreira" criminosa acarreta. Além disso, para que as estratégias ile-

Figura 9

SISTEMA DE TRANSPORTES, PADRÃO DE EXPANSÃO URBANA E CONSEQÜÊNCIAS SÓCIO-ESPACIAIS

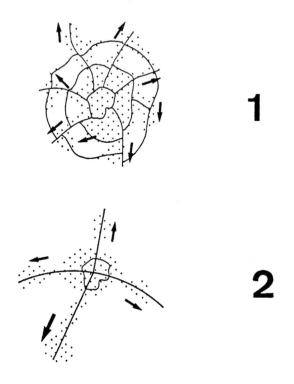

1 **Cidade hipotética "Rodópolis"**: o transporte sobre rodas e baseado no uso de combustíveis fósseis reina absoluto. Conseqüências: mais gastos com infra-estrutura urbana, maior consumo geral de energia (combustível), mais poluição atmosférica e, particularmente em um país periférico/semiperiférico, tendência à formação de grandes vazios urbanos associados à especulação imobiliária em larga escala ("urbanização em saltos").

2 **Cidade hipotética "Trilhópolis"**: o transporte sobre trilhos foi preservado e expandido. Conseqüências: investimentos em infra-estrutura mais bem direcionados para áreas ocupadas ou ocupáveis ao longo dos eixos de circulação sobre trilhos, que orientam a expansão da cidade; menor dispêndio geral de combustível, menos poluição atmosférica e menor tendência à formação de grandes vazios no interior do tecido urbano.

gais se mostrem aceitáveis ou atraentes, não basta que haja pobreza e desigualdades: é necessário que isso seja visto como injusto, e que o crime seja visto como desculpável e algo que, sim, pode compensar, o que significa que fatores culturais e institucionais desempenham um papel crucial. É certo, além disso, que não são somente certos tipos de reação protagonizados pelos pobres urbanos que colaboram antes para piorar a situação do que para resolvê-la: a auto-segregação, por exemplo, não passa de uma pseudo-solução escapista.

As tensões se vão avolumando à medida que os problemas sociais de base, alimentadores de problemas urbanos como a pobreza e a segregação, e influenciadores, por tabela, das estratégias ilegais de sobrevivência, não são resolvidos ou mesmo se agravam. Ressentimentos entre os pobres e aqueles que são segregados, de um lado, e aqueles que se auto-segregam (ou a classe média e as elites urbanas em geral), de outro, recrudescem, e os preconceitos e ódios de parte a parte se multiplicam. Os conflitos de interesses, contudo, não se desenrolam como "luta de classes", uma vez que a violência possui um fortíssimo componente de "desordem despolitizada": muitas vezes, são os próprios pobres que, por poderem se proteger menos, são vítimas da criminalidade violenta, ao sofrerem, apenas para citar um exemplo, assaltos em ônibus.

A cidade cada vez menos se parece com uma "unidade na diversidade", onde, apesar da segregação, pessoas de diferentes classes e grupos sociais ainda podem interagir sem grandes problemas (o que, evidentemente, não deve ser exagerado, muito menos romantizado), e cada vez mais vai se assemelhando a uma coleção de compartimentos quase estanques justapostos. Favelas e outros espaços residenciais segregados vão, como no Rio de Janeiro (e, em grau um pouco menor, em São Paulo, e em grau muito menor em várias outras cidades brasileiras), sendo controlados (ou, como se diz tecnicamente, "territorializados") por quadrilhas de traficantes de drogas, que intimidam ("lei do silêncio"), impõem regras de uso do espaço ("toque de recolher", proibição de crimes comuns como roubos e estupros) e punem severamente os que transgridem essas regras. Na outra ponta do espectro social, multiplicam-se os condomínios exclusivos, com seus dispositivos de segurança, funcionando como "bolhas de proteção" que, em uma geração inteira de adolescentes e jovens, já contribuiu para incutir sentimentos de prevenção contra a cidade real situada fora dos muros dos condomínios, vista como perigosa, amedrontadora e, na sua quase totalidade, virtualmente desconhecida. O Estado, tradicional promotor de segregação residencial (junto com o capital imobiliário, ou tendo este por trás...), ao investir diferencialmente nas áreas residenciais da cidade e estabelecer estímulos e zoneamentos e outras normas de ocupação do espaço que consolidam a segregação, atua, também, como agente repressor, via de regra na tentativa de "colocar os pobres no seu devido lugar": antes uma guarda das elites que uma polícia cidadã, igualmente respeitadora de brancos e negros, de moradores privilegiados e pobres.

O resultado sintético desse quadro é o que eu venho chamando de *"fragmentação do tecido sociopolítico-espacial"*. "Fragmentação" virou, é forçoso reconhecer, uma palavra da moda, muito a reboque da popularidade daquilo que muitos consideram a realidade em relação à qual ela é um contraponto: a *globalização*. Assim, a "fragmentação", freqüentemente vista não em sua expressão espacial, mas apenas enquanto aumento de disparidades e fraturas sociais, é encarada como uma espécie de subproduto de uma globalização econômico-financeira, que gera riqueza cada vez mais concentrada e, por conseguinte, pobreza para muitos. Diferentemente disso, a "fragmentação do tecido sociopolítico-espacial" não é apenas uma forma nova de se designar o aumento de disparidades sociais, nem mesmo um jeito novo de se referir ao agravamento da segregação residencial; ela é uma expressão que designa um processo que abrange tanto a formação de enclaves territoriais ilegais, controlados por grupos de criminosos, até o "auto-enclausuramento" de uma parte crescente da classe média e das elites.

Nas duas pontas do espectro social a cidade "se fecha" mais e mais, e também segmentos que nem são tão claramente segregados, nem se auto-segregam, tentam se valer de dispositivos e estratégias de segurança para se protegerem (gradear seus prédios, pôr guaritas na entrada de seus loteamentos, sair menos de casa, evitar certos locais etc.). Os espaços públicos, associados, crescentemente, a locais perigosos e desprotegidos, vão se tornando, muitas vezes, menos freqüentados (com exceção daqueles que também passam a dispor de dispositivos de segurança, como certos parques e certas praças), e o comércio vai se concentrando em *shopping centers*, vistos pela classe média como uma alternativa muito mais confortável e segura para se fazerem compras e se divertir que os subcentros tradicionais e os logradouros públicos. Está-se diante, portanto, de mais que um simples agravamento da segregação residencial, muito embora esta se agrave à medida que a fragmentação avança: por exemplo, devido à maior estigmatização dos moradores de espaços segregados pela sua associação, preconceituosa e generalizante, com o tráfico de drogas, à luz da opinião pública e sob mediação da mídia. A fragmentação do tecido sociopolítico-espacial é, também, muito mais que, meramente, um aumento das disparidades sociais: assiste-se, de maneira bastante consolidada no Brasil, no Rio de Janeiro e em São Paulo (e, embrionariamente, em outras cidades e metrópoles), a um processo no qual a cidade, do ponto de vista sociopolítico, de fato se vai fragmentando, com conseqüências socioculturais, sociopolíticas e psicossociais muito negativas. É a "lógica" do "salve-se quem puder", que se faz presente tanto nas estratégias de sobrevivência criminosas (e nas tentativas dos moradores não-criminosos de espaços segregados de minimizarem os efeitos colaterais de sua convivência forçada com criminosos) quanto no escapismo da classe média e das elites, que tentam colocar-se a salvo do amedrontador "mundo exterior" por meio de muros, guardas armados, interfones, câmaras de TV, carros blindados etc.

6. O que devemos entender por *desenvolvimento urbano*?

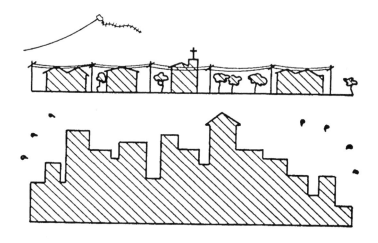

Só agora, no sexto capítulo, começo a focalizar, diretamente, o assunto do desenvolvimento urbano, que dá título a este livro. O leitor irá compreender, porém, que era necessário, antes de examinar as condições de desenvolvimento da cidade, possuir uma visão ampla sobre a natureza da própria cidade e de sua dinâmica.

Vou propor, agora, um exercício de imaginação ao leitor. Imagine o leitor uma cidade que cresce, horizontal (expansão do tecido urbano, incorporação de novas áreas) e verticalmente ("verticalização": substituição de casas e prédios baixos por prédios altos e modernos em certas partes da cidade); uma cidade que se sofistica, ao ofertar bens e serviços cada vez mais variados, ao ver se multiplicarem subcentros de comércio e serviços e ao apresentar uma centralidade cada vez maior; uma cidade, aliás, onde a oferta cultural é crescente, com cada vez mais cinemas, teatros, casas de espetáculos, galerias de arte etc. A isso se poderia acrescentar toda uma lista de trunfos econômicos, como presença crescente de indústrias, aumento constante do PIB municipal, e por aí vai. Só que... essa cidade é a mesma cidade onde o número de favelas aumenta vertiginosamente, onde as tensões recrudescem, onde a incorporação de novas áreas se deu, em grande parte, deixando um saldo ambiental negativo (destruição de manguezais, desmatamentos, aterros de lagunas...), onde a poluição (do ar, sonora, visual e hídrica) vai se tornando, a cada dia, menos suportável, onde a renda está cada vez mais concentrada...

More seja lá em que cidade brasileira more, especialmente se ela for de grande porte, o leitor, ao fazer o exercício de imaginação proposto, deve ter, a dada altura, encontrado alguma analogia com o que se passou ou vem se passando com a sua própria cidade. As intensidades variam conforme o tamanho, a complexidade e a localização (o contexto regional) do núcleo urbano, mas os traços essenciais são os mesmos.

Poderia ser diferente? Muito dificilmente. Em uma sociedade capitalista, muito principalmente em um país periférico ou semiperiférico, a riqueza material e cultural gerada é apropriada muito seletivamente, os impactos ambientais são de difícil domesticação e resultam de uma necessidade de produzir cada vez mais (pois, sob o capitalismo, o crescimento econômico é um imperativo, e não crescer é, a longo prazo, fatal, para empresas assim como para países) e a diversidade cultural e sócio-espacial é, com freqüência, vista antes como um estorvo pelas elites econômicas do que como um bem a preservar (afinal, a diversidade cultural pode ser um obstáculo para a difusão de gostos padronizados, e a preservação da beleza cênica, da natureza e do patrimônio histórico-arquitetônico, que pode ser considerada como útil para os interesses do próprio capital imobiliário no longo prazo, pode ser um simples detalhe a ser convenientemente ignorado no curto prazo). Sabe-se que as desigualdades sociais e as agressões contra o patrimônio ecológico e arquitetônico não se dão da mesma forma em todos os países. A distância entre o nível de disparidade socioeconômica e de degradação ambiental de uma grande cidade brasileira e o de uma grande cidade européia (alemã ou escandinava, por exemplo) é gigantesca. Mas, deixando de lado o fato de que mesmo o "Primeiro Mundo" não está isento de problemas (basta ver o crescimento do desemprego e da pobreza, as ondas de xenofobia e intolerância racial...), é fora de dúvida que a superação dos problemas materiais mais básicos, nos países ditos "desenvolvidos", é produto de um processo histórico de muitos séculos... em que muitos deles, aliás, se beneficiaram, direta ou indiretamente, da exploração de suas colônias ou neocolônias no "Terceiro Mundo". Por isso é irrealista imaginar que o "desenvolvimento" dos países (semi)periféricos é uma "simples questão de tempo", e que esses países estão atualmente em um "estágio" que os países centrais já vivenciaram no passado: as chances que aqueles países que se industrializaram primeiro e se tornaram potências colonizadoras e imperialistas tiveram, são chances historicamente localizadas e irreprodutíveis da mesma forma como se deram no passado, e essas chances os países (semi)periféricos não as tiveram ou têm – exatamente porque esses países foram o "outro lado", as colônias de exploração, as neocolônias... Margens de manobra para se superarem os problemas existem, mas situações historicamente muito diferentes não podem ser comparadas. E as margens de manobra existentes hoje em dia são, convenhamos, muito limitadas. Os reflexos disso nas grandes cidades, que são como que as principais caixas de ressonância dos problemas econômicos e sociais de cada país, tornam-se cada vez mais nítidos.

Para algumas pessoas, uma cidade "desenvolve-se" ao crescer, ao se expandir, ao conhecer uma modernização do seu espaço e dos transportes, ao ter algumas áreas embelezadas e remodeladas. Esquecem-se, com muita facilidade, duas coisas: os *custos*, sociais e ambientais, de tais progressos, via de regra muito seletivos, social e espacialmente; e o *contexto* mais amplo (regional, nacional, internacional) de tais melhoramentos, os quais, normalmente, significam que está em curso, dependendo do país, uma extração de → *mais-*

valia e uma drenagem de renda fundiária de outras áreas, dentro ou até fora do país, as quais alimentam os projetos de embelezamento, "revitalização" etc. que conferem prestígio a certas partes de certas grandes cidades. O desenvolvimento estritamente econômico (isto é, crescimento + modernização tecnológica) em uma cidade capitalista costuma cobrar um alto preço. O brilho desse "progresso" é, contudo, tamanho, ou também tão intensificado com a ajuda do *marketing* e da propaganda, que cega a maioria das pessoas. Cabe, no entanto, parar e perguntar: *que "desenvolvimento urbano" é esse, que vem no bojo de tantas e de tamanhas contradições?*

Sob um ângulo social abrangente, ou seja, que leve em conta os interesses legítimos de toda a sociedade, o desenvolvimento que importa não é ou deve ser meramente econômico, mas sim *sócio-espacial*. O que isso significa, exatamente? Vou expor o argumento aos poucos, começando pela análise das limitações do conceito de desenvolvimento econômico.

Desde a década de 50 a preocupação com o *desenvolvimento* – sendo a palavra normalmente tomada como uma simples forma abreviada de se referir ao *desenvolvimento econômico* – inspirou a construção de ideologias, a criação de cátedras universitárias e de instituições de cooperação técnica internacional e a redação de milhares de livros, milhares de teses acadêmicas e ainda mais numerosos artigos. Grandes expectativas de emancipação e bem-estar foram geradas pelo mundo afora – as quais foram, quase sempre, frustradas.

O que é, no entanto, o desenvolvimento econômico? Na sua essência, uma combinação de duas coisas: *crescimento econômico* e *modernização tecnológica*. Não é nada incomum os manuais universitários fazerem referência a "benefícios esperáveis" do desenvolvimento econômico como a melhoria de "indicadores sociais", a exemplo do aumento da taxa de adultos alfabetizados ou da redução da taxa de mortalidade infantil; no entanto, quem acredita, hoje em dia, que benefícios sociais sejam um produto *automático* do crescimento econômico ou da modernização tecnológica? Desde a década de 70, mesmo entre economistas conservadores (isto é, não de esquerda, inclusive vinculados a instituições como o Banco Mundial), mas dotados de um mínimo de bom senso, se admite que, sem instituições e programas específicos voltados para a redistribuição de renda e a satisfação de necessidades básicas, o desenvolvimento econômico tende a não se fazer acompanhar de uma melhoria nos indicadores sociais. Em outras palavras, é preciso reconhecer que também o *sistema político*, os *valores e padrões culturais* e, deve-se acrescentar, a *organização espacial*, devem ser adequadamente considerados; tudo isso junto, e não somente o aumento da produção de bens e o progresso técnico/tecnológico na produção desses bens, irá influenciar o nível de bem-estar e de justiça social em uma sociedade.

É preciso evitar o mal-entendido de se pensar que estou dizendo, pura e simplesmente, que a preocupação com o crescimento econômico e com a modernização tecnológica seja irrelevante. O que desejo é denunciar como uma impostura, infelizmente ainda hegemônica, atribuir ao desenvolvimento econômico uma importância intrínseca, como se ele, em vez de um simples *meio* de promoção de qualidade de vida e justiça social, fosse um *fim* em si mesmo. Um fim em si, ele não poderá ser nunca; isso parece óbvio, uma vez que ninguém "veste crescimento econômico" e "se alimenta de modernização tecnológica", e uma vez que, entre o crescimento e a modernização, de um lado, e a satisfação das várias necessidades humanas (materiais e imateriais), muitos fatores de natureza não econômica (políticos, culturais...) se fazem presentes, dificultando ou facilitando a tarefa. Há, porém, mais ainda do que isso: a partir do momento em que se percebem alguns limites fundamentais do modelo social capitalista, como o seu caráter anti-ecológico (devido ao imperativo de crescimento, já mencionado parágrafos atrás) e a exploração do trabalho assalariado inerente ao modo de produção capitalista – isto é, a partir do momento em que o *contexto* em que se dá o desenvolvimento econômico capitalista é posto em questão –, mesmo a utilidade do crescimento e da modernização tecnológica como meios seguros de promoção de desenvolvimento social em sentido mais amplo é abalada. Além disso, não é razoável esperar que todos os países e regiões tenham, no âmbito do sistema mundial capitalista, uma real chance de alcançarem e manterem um nível de desenvolvimento econômico satisfatório. Considere-se seriamente a existência de mecanismos econômicos perpetuadores das desigualdades internacionais (hiato tecnológico crescente entre os países centrais e aqueles tipicamente periféricos, barreiras protecionistas à importação de produtos dos países periféricos etc.); leve-se em conta, também, a existência de fatores geopolíticos que igualmente contribuem para manter ou reforçar essas desigualdades (pressões diplomáticas, apoio a golpes de Estado e até ameaça de intervenções militares por parte das potências hegemônicas, sempre que os seus interesses estratégicos são ou podem vir a ser feridos em decorrência de mudanças políticas e econômicas em algum país do "Terceiro Mundo"); e leve-se em consideração, por fim, os limites ecológicos a uma expansão planetária dos padrões de consumo dos países centrais: ao se pôr tudo isso na balança, não fica difícil ver que, com as regras do jogo existentes, um ou outro país pode até subir de posição no *ranking* internacional (como vem ocorrendo com a Coréia do Sul), mas prometer uma redução muito significativa dos desníveis internacionais é vender uma ilusão.

Se o desenvolvimento econômico, por si só, é insuficiente, ou pode até mesmo estar sendo conduzido de modo social e ecologicamente inadequado, que tipo de desenvolvimento, então, interessa ao indivíduo comum, não pertencente às elites econômicas do planeta? Falar de desenvolvimento *social* parece, à primeira vista, razoável, desde que se explicite que o adjetivo, aqui, está abrangendo a totalidade social em suas várias dimensões: economia, política (no sentido amplo de relações de poder) e cultura. Contudo, falta algo: aquilo que se pode chamar de a *dimensão espacial da sociedade*. O espaço social foi, com freqüência, totalmente ou quase totalmente esquecido pelos teóricos do "desenvolvimento", e, mesmo naqueles casos em que a dimensão espacial foi ou tem sido lembrada e prestigiada, a sua importância e o seu alcance têm sido, via de regra, subestimados. E o que é mais decepcionante: tanto por conservadores quanto, até mesmo, por críticos da ideologia capitalista do desenvolvimento econômico. Isso porque, mesmo naqueles casos em que a dimensão espacial foi ou é bastante valorizada, comumente trata-se de uma visão muito parcelar da espacialidade: o espaço é reduzido a uma de suas facetas, como o "espaço econômico", que nada mais é que a projeção abstrata da dimensão econômica no espaço, ignorando os fatores políticos e culturais (caso de certas teorias econômicas do desenvolvimento regional), ou o espaço natural, que é o meio ambiente (caso do antigo "ecodesenvolvimento" dos anos 70, nos anos 80 substituído pelo rótulo "desenvolvimento sustentável"). O *espaço social*, que é a natureza transformada pelas relações sociais, porém, vai muito além disso. E há razões de sobra para ele ser levado em conta adequadamente.

O espaço social não é um simples "dado" sem maior importância para a vida social. O espaço social é, ao mesmo tempo, um *produto* das relações sociais, e um *condicionador* dessas mesmas relações. A organização espacial e as formas espaciais refletem o tipo de sociedade que as produziu, mas a organização espacial e as formas espaciais, uma vez produzidas, influenciam os processos sociais subseqüentes. Aquilo que, em linguagem mais técnica, corresponde ao *substrato espacial*, ou seja, as formas espaciais concretas, materiais (um campo de cultivo, o solo urbano etc.), representa tanto um produto da sociedade quanto um condicionador das relações sociais na medida em que: a) não é qualquer coisa que se pode fazer com qualquer estrutura espacial, e uma estrutura produzida por determinadas relações sociais para atender a determinados interesses pode não se prestar a satisfazer adequadamente outros propósitos; b) a produção do espaço de uma determinada maneira exclui outras possíveis alternativas, algumas vezes até em caráter permanente, seja devido ao elevadíssimo custo (financeiro e, mais amplamente, para a sociedade) de se reestruturar inteiramente o espaço, seja devido à destruição, muitas vezes irreparável, do patrimônio natural ou histórico-arquitetônico. Mas... não é só o espaço em seu sentido material que condiciona as relações sociais! Também as relações de poder projetadas no espaço (espaço enquanto *território*) e os valores e símbolos culturais inscritos no espaço (espaço como espaço vivido e sentido, dotado de significado pelos que nele vivem), tudo isso serve de referência para as relações sociais: barreiras e fronteiras físicas ou imaginárias; espaços naturais ou construídos que, por razões econômicas, políticas ou culturais, resistem ao tempo e às investidas modernizantes; imagens positivas ou negativas associadas a certos locais...

Devido a essa importância da dimensão espacial é que eu acredito ser legítimo falar de desenvolvimento sócio-*espacial*, em vez de, somente, desenvolvimento social. A referência, aqui, não é apenas ao "desenvolvimento do espaço social", como se se tratasse de transformar apenas o próprio espaço (situação em que a grafia deveria ser *socioespacial*), mas à transformação *das relações sociais e do espaço social*, simultaneamente. Na minha convicção, o desenvolvimento é, nos seus termos mais simples, um *processo de mudança para melhor*, um processo incessante de busca de mais justiça social e melhor qualidade de vida para o maior número possível de pessoas – e isso exige, tanto em matéria de análise de problemas quanto de formulação de estratégias para a superação dos problemas, não somente a consideração das várias dimensões que compõem as relações sociais, mas também uma visão de como essas relações se concretizam no espaço.

Não estou ignorando que, nas últimas três décadas, avolumaram-se e radicalizaram-se as críticas ao chamado "mito do desenvolvimento", a ponto de alguns críticos não se restringirem a uma crítica da *ideologia capitalista do desenvolvimento (econômico)*, passando, implícita ou explicitamente, a rejeitar a própria "idéia" de desenvolvimento em si (e, por tabela, até a palavra). Para esses analistas, é como se falar em desenvolvimento, sempre e necessariamente, significasse endossar a ideologia capitalista do desenvolvimento econômico, ou, pelo menos, uma visão da história como se todas as sociedades tivessem de percorrer os mesmos "estágios" ao longo de um processo de "desenvolvimento" predeterminado, visão essa, ainda por cima, eurocêntrica (ou seja, que assume ser o mundo ocidental um modelo a ser imitado por todas as culturas e todas as sociedades). Só que, insisto eu, não precisa ser assim. A palavra *desenvolvimento* é suficientemente plástica, sendo capaz de ser moldada, conceitualmente, de forma alternativa à sua captura pela ideologia capitalista. E, se é assim, por que falar de "mudança social positiva", ou, mais precisamente, de "mudança social positiva que é, simultaneamente, uma transformação das relações sociais e do espaço" (ufa!), se se pode, em nome da economia de palavras e da elegância, falar de *desenvolvimento sócio-espacial*? Não se incomode o leitor, porém, sem necessidade: que se veja o *sentido* que estou atribuindo ao substantivo desenvolvimento, com a ajuda dessa adjetivação. E que se atente para a crítica da tradição ("desenvolvimento econômico" etc.) que o novo sentido carrega. Mas, não vamos brigar por ou em torno de palavras, desde que haja comunhão de idéias. Se o leitor concordar comigo, no essencial, mas preferir referir-se a uma "mudança social positiva que é, simultaneamente, uma transformação das relações sociais e do espaço", em vez de desenvolvimento sócio-espacial, que assim seja.

Voltemos, agora, para arrematar o capítulo, ao tema mais específico do "desenvolvimento urbano". Diante do que se argumentou até agora neste capítulo, fica evidente ser necessário modificar e depurar a visão que se tem sobre o que seja o tal "desenvolvimento urbano". *Um desenvolvimento urbano autêntico, sem aspas, não se confunde com uma simples expansão do tecido urbano e a crescente complexidade deste, na esteira do crescimento econômico e da modernização tecnológica.* Ele não é, meramente, um aumento da área urbanizada, e nem mesmo, simplesmente, uma sofisticação ou modernização do espaço urbano, mas, antes e acima de tudo, um *desenvolvimento sócio-espacial na e da cidade*: vale dizer, a conquista de melhor qualidade de vida para um número crescente de pessoas e de cada vez mais justiça social. Se uma cidade produz mais e mais riqueza, mas as disparidades econômicas no seio de sua população aumentam; se a riqueza assim produzida e o crescimento da cidade se fazem às custas da destruição de ecossistemas inteiros e do patrimônio histórico-arquitetônico; se a conta da modernização vem sob a forma de níveis cada vez menos toleráveis de poluição, de estresse, de congestionamentos; se um número crescente de pessoas possui televisão em casa, para assistir a programas e filmes de qualidade duvidosa e que, muitas vezes, servem de inspiração para atos de violência urbana, violência urbana essa que prospera de modo alarmante; se é assim, falar de "desenvolvimento" é ferir o bom senso.

Pode-se, em um tal caso, falar de crescimento urbano, complexificação da cidade e até mesmo modernização do espaço urbano e dos padrões de consumo; mas seria um equívoco tomar isso por um processo de desenvolvimento urbano autêntico, vale dizer, por um processo de desenvolvimento sócio-espacial na e da cidade coerente e isento de grandes contradições.

Visto isso, estamos preparados para enfrentarmos juntos o desafio de refletir sobre as maneiras de se pôr em marcha rumo a um desenvolvimento urbano autêntico. Ou, parafraseando o ex-jogador de futebol Dario, o "Dadá Maravilha", integrante da seleção tricampeã em 1970: depois de analisar a problemática, é preciso passar à "solucionática"... Isso vai ficar, entretanto, para a partir do Cap. 8. Antes disso vou me deter, no próximo capítulo, em algumas falsas explicações sobre os problemas urbanos e em algumas falsas receitas de superação desses problemas, dignas de figurar em uma das memoráveis antologias humorísticas da série "FEBEAPÁ", quer dizer, "Festival de Besteira que Assola o País", de autoria do saudoso jornalista e escritor Sérgio Porto, mais conhecido como "Stanislaw Ponte Preta".

7. Das falsas explicações sobre os problemas urbanos às falsas receitas para superá-los

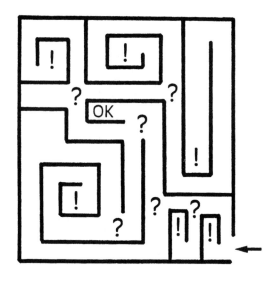

Voltando à discussão sobre o tamanho urbano: estou acostumado a ouvir, do taxista, do barbeiro e até de estudantes na universidade, que o tamanho maior ou menor de uma cidade explica a intensidade maior ou menor de seus problemas. À primeira vista, isso parece fazer muito sentido: afinal, se uma cidade é maior, ela possui mais habitantes, mais automóveis, e portanto mais vítimas de assalto em potencial, mais assaltantes em potencial etc. etc. etc., sendo sensato esperar que ela seja mais poluída, mais violenta, mais insegura etc. etc. etc.. Certo? *Errado*. Ou, pelo menos: *está longe de ser tão simples assim*. Se tudo o que parece ser à primeira vista se confirmasse após um exame mais atento e criterioso, ainda estaríamos falando que o Sol gira em torno da Terra, e Copérnico não teria promovido a sua famosa revolução científica.

Se o tamanho explicasse, *por si só*, alguma coisa, a região metropolitana de Londres, com doze milhões e meio de habitantes (a Grande Londres, que é menor que a *metropolitan region*, possui sete milhões de habitantes), deveria ser, então, mais de quatro vezes mais poluída e insegura que a metrópole de Recife, com seus um pouco mais de três milhões de habitantes, e ser ainda mais problemática, em matéria de trânsito caótico e violência urbana, que a metrópole do Rio de Janeiro, com os seus mais de dez milhões de habitantes. Como até intuitivamente já dá para desconfiar, sem precisar ser um especialista no assunto, não é isso que ocorre. Bom para os londrinos...

As falácias sobre quantidade, porém, não se limitam ao tamanho urbano. Na verdade, existe toda uma "família" de falácias desse tipo. Uma outra, bem conhecida, é a que atribui à pobreza a explicação exclusiva no que se refere à criminalidade violenta nas grandes cidades brasileiras. Enquanto a falácia do tamanho urbano tende a desaguar em um oceano de proposições autoritárias e até de fundo racista (ao culpabilizar os migrantes nordestinos, ou os pobres em geral, pelos males de São Paulo e do Rio de Janeiro, por exemplo), essa outra falácia soa, em princípio, simpática, pois exala um perfume de preocupações sociais. No entanto, deixando de lado o fato de que há um risco enorme de injustiça embutido em uma associação banalizante entre "pobres" e "criminosos", resta o problema de que, se a pobreza fosse a causa única ou quase exclusiva da criminalidade violenta, Calcutá, na Índia (que apresenta um número de pobres absolutos muito superior ao do Rio de Janeiro), seria muito mais violenta que o Rio de Janeiro, coisa que não se dá. Isso eu pude, pessoalmente, constatar, em 1997, ao caminhar, à noite, pelas ruas de Calcutá, sem maiores preocupações com a segurança (de fato, com muitíssimo menos preocupação do que teria no Rio ou em São Paulo), ainda que desviando-me de centenas e centenas de pessoas dormindo nas calçadas. Mesmo quando se tenta sofisticar um pouco a análise, ampliando a pobreza para incluir não só a pobreza absoluta, mas também a relativa (ou seja, as desigualdades de renda e patrimônio), a interpretação puramente econômico-social é simplista. Ela não leva em conta que, entre o ser pobre e o pegar em armas para assaltar, há toda uma mediação de valores culturais (percepção disso como uma injustiça social, e não como uma fatalidade ou um "karma") e fatores político-institucionais (maior ou menor capacidade do aparato repressivo e judiciário do Estado em desestimular a prática de crimes). E, aliás, também esquece de que não existe *o* "crime violento" enquanto tal, mas sim "n" tipos diferentes de crimes violentos, cada qual com a sua própria "lógica": como comparar, por exemplo, o delito praticado por um pivete subnutrido com um crime passional perpetrado por um indivíduo de classe média?

Seriam, assim, essas falácias puramente idiotas e destituídas de qualquer base lógica? Bem, nem tanto ao mar, nem tanto à terra. Voltemos a Copérnico: se *nada* houvesse que pudesse sugerir aos homens que o Sol gira em torno da Terra, em vez de o contrário, certamente essa inverdade não teria se mantido por tantos milênios. A questão é que algumas *aparências*, que induzem a conclusões falaciosas, não são confirmadas por um exame que vá além delas. O que *não* quer dizer que tudo, *absolutamente tudo*, que está contido nessas interpretações do senso comum, seja pura tolice.

Vejamos o caso do tamanho urbano. O que se pode afirmar, sem medo de errar, é que, para uma cidade que, "qualitativamente", já é problemática (o que é fruto de todo um processo histórico, normalmente bastante complexo), ou seja, para uma cidade onde as estruturas de poder, os canais de distribuição de riqueza etc. se mostram viciados e apresentando um nítido viés excludente e de grande injustiça social, e onde a qualidade de vida já se acha ameaçada desde sempre devido à ação desenfreada de grupos de interesse que atentam contra o patrimônio natural ou arquitetônico, pressões quantitativas – mais demanda por moradias, por infra-estrutura, por empregos... mais carros particulares circulando... – tenderão, sem dúvida, a agravar continuamente o quadro. Essas pressões quantitativas, resultantes de fenômenos demográficos ou econômicos, agravam, mas não criam os problemas fundamentais. Muito menos é sensato culpar justamente os mais pobres, que muito mais *reagem* do que agem, pela existência dos problemas. Encontrar bodes expiatórios é, como sempre, mais fácil e mais cômodo do que discernir e enfrentar as causas mais profundas.

No que se refere à pobreza como alimentadora da criminalidade violenta, é certo que ela *é*, em certa medida, um fator relevante. Longe de mim pretender negar isso! O que se deve, uma vez mais, é *contextualizar* a contribuição explicativa potencial da pobreza e da desigualdade. Sem a consideração da cultura e das instituições policiais e judiciárias de uma sociedade, fica impossível proceder a uma análise satisfatória e, partir daí, tirar conclusões que sirvam de fundamento para recomendações em matéria de estratégias de solução.

Outras hipersimplificações muito comuns, freqüentemente realimentadas pela grande imprensa, incluem os famosos "o problema é a falta de planejamento" e "o problema é a falta de vontade política". Existem muitas explicações, dadas por estudiosos ou no âmbito do senso comum, que são, em si mesmas, falsas; já outras não são problemáticas por serem totalmente equivocadas, mas sim porque, embora ajudem a explicar uma problemática complexa, são postas como se fosse, cada uma delas, *a* explicação, *a* verdade, e não *uma parte* da verdade. Por isso são, tecnicamente, falaciosas, ainda que não sejam inteiramente absurdas. As hipersimplificações "o problema é a falta de planejamento" e "o problema é a falta de vontade política" fazem parte deste rol.

A "falta de planejamento" (ou melhor: falta de densidade, falta de tradição, despreparo técnico e dificuldades organizacionais no que se refere ao planejamento) é um problema real. Se eu não acreditasse nisso não teria publicado um livro de 556 páginas sobre planejamento e gestão urbanos (refiro-me ao livro de 2002, que aparece na **Bibliografia comentada**), sem contar as muitas outras atividades, entre projetos de pesquisa, preparação de textos, cursos, palestras e consultorias, que tenho dedicado ao assunto desde muitos anos. A limitação reside em se achar que *mais planejamento* e que um *planejamento melhor* (tecnicamente) seriam como que a chave para abrir a porta da superação das dificuldades concernentes aos problemas urbanos. É preciso considerar o seguinte: 1) a escassez de planejamento e as suas imperfeições técnicas não surgem "por acaso", e se não entendermos as causas institucionais, econômicas e culturais mais amplas de certas deficiências não vislumbraremos uma boa parte daquilo que é necessário enfrentar para ultrapassá-las, e o resultado é que ficaremos apelando, no máximo, para o chavão "se houvesse vontade política..." (o qual comentarei no próximo parágrafo); 2) os planejadores também são "planejados" (ou seja, formados/deformados durante seus cursos superiores, no ambiente de trabalho burocrático do dia-a-dia de uma Prefeitura etc.), o que significa o seguinte: não basta haver "bastante planejamento" e "bons planejadores" (num sentido técnico muito geral e descarnado), é preciso saber até que ponto os planejadores profissionais estão *ética e tecnicamente* preparados para abraçar uma perspectiva de autêntico desenvolvimento urbano, nos termos propostos ao final do capítulo precedente, ou se, pelo contrário, se contentarão em contribuir (inclusive legitimando tecnicamente) para um desenvolvimento entre aspas, ao mesmo tempo em que se arvoram em "técnicos neutros e racionais"; 3) os planejadores profissionais são funcionários a serviço de um aparelho administrativo no qual o que conta, em última análise e ao frigir dos ovos (especialmente em um país como o Brasil, embora não só), são injunções políticas e interesses econômicos, e não a "verdade científica" ou a "adequação técnica" (de maneira que não se pode fazer abstração do corpo técnico, esquecendo o contexto onde ele se insere e o qual determina a sua margem de manobra). Além disso tudo, note-se que um dos problemas fundamentais, se bem que não o único, que é o da escassez de recursos para investimentos (escassez *relativa*, muitas vezes), exige que se levem em conta problemas que transcendem a questão do planejamento em escala local, tanto tematicamente, quanto escalarmente: sem se conferir maior autenticidade ao "pacto federativo" brasileiro, disponibilizando mais recursos para os municípios (e, de preferência, não sob a forma de "mesada", ou seja, transferências dos níveis políticos superiores para o nível municipal), e sem que se alterem os termos determinados pelo quadro macroeconômico (inclusive no que diz respeito às restrições impostas ao país como um todo, seja por conta da sangria de recursos em função do pagamento do serviço da monstruosa dívida externa, seja em decorrência das vicissitudes que atravessa a economia brasileira na esteira de políticas econômicas inadequadas ou lesivas ao interesse público, seja, por fim, como resultado das restrições ditadas pelo mercado externo devido a problemas como medidas de protecionismo econômico nos países do "Primeiro Mundo"), não será possível fazer face, a contento, ao desafio de prover os meios para a satisfação das necessidades básicas de uma massa crescente de pobres urbanos. Diante disso, parece estar claro que uma frase como "o problema é a falta de planejamento" é bastante ingênua. Precisamos, sim, de "mais" e de "melhor" planejamento (o que não deve significar mais e melhor em um sentido *tecnocrático*, em que os técnicos acham que são os únicos competentes para dizer alguma coisa sobre o assunto), assim como precisamos, simultaneamente, de várias outras coisas, as quais criam um contexto sem o qual o clamor por "mais" e "melhor" planejamento será vazio.

E quanto à "falta de vontade política"? É evidente para quase todos que às nossas elites políticas falta a "vontade" de resolver os problemas fundamentais. Mas... por que falta até mesmo a *vontade*? Seriam todos uns celerados e insensíveis irrecuperáveis, beirando o sadismo? O moralismo pode até ganhar pequenas batalhas eleitorais, especialmente se bem embrulhado com uma retórica demagógica convincente; contudo, não serve para ganhar a longa guerra contra os problemas de base. Sem querer sugerir que "insensibilidade" nada tenha a ver com a história, o fato é que é preciso entender que essas elites, das mais "ilustradas" e "modernas" às mais "atrasadas" e "oligárquicas", são produtos seculares de tradições e ambientes ideológicos, e não só isso: perseguem, com a maior objetividade e eficácia que a inteligência individual permite, os seus interesses econômicos e políticos enquanto classes e frações de classe. Não adianta apelar para o "senso moral" de uma classe dirigente que, necessariamente, com maior ou menor virulência ou suavidade, maior ou menor primitivismo ou requinte, desempenha um papel de exploração econômica e dominação política. Os indivíduos que pertencem a essa classe não exploram e oprimem (ainda que de modo, às vezes, tão indireto, sofisticado ou brando a ponto de poderem aparecer como inquestionáveis "gestores do bem comum" ou "heróis do mundo empresarial moderno") porque são perversos, mas porque, enquanto indivíduos que pertencem a essa classe, não podem fazer outra coisa. Um governante, mesmo que tenha convicções ideológicas consistentemente democráticas, pode, simplesmente, se recusar a mandar reprimir protestos de trabalhadores, se não estiver respaldado por uma forte coalizão de cunho popular? Se se recusar, na ausência de um respaldo popular fortíssimo, ele cairá. Pode um empresário capitalista deixar de visar, em primeiro lugar, o lucro, passando a visar, acima de tudo, à melhoria da qualidade de vida dos pobres ou à proteção ambiental? Se assim o fizer, ele falirá. A moral da história *não* é "bem, então não tem jeito". A moral da história é: não se trata apenas, ou em primeiro lugar, das inclinações e virtudes individuais, mas dos *papéis sociais* que os indivíduos são chamados a desempenhar, e das *instituições sociais* que dão sentido a esses papéis. Por isso pode-se e deve-se, sim, fazer apelos aos indivíduos e ao seu senso ético e de responsabilidade social; afinal, os indivíduos *existem*, com um mínimo de livre-arbítrio e capacidade de opção. Mas não basta apelar aos indivíduos *individualmente*, é preciso entender que instituições (e que papéis sociais) precisam ser transformadas ou eliminadas. Sem isso, vai se continuar cobrando dos governantes uma capacidade de resolver todos os problemas que eles, devido a restrições econômicas, institucionais e (no caso dos conservadores) político-ideológicas, não têm e não terão.

A partir de agora, nos próximos capítulos, vou explorar aquilo que parece ser uma resposta adequada aos desafios detectados e discutidos neste livro até este momento. Não obstante, é preciso advertir o leitor de que não seria viável, num trabalho tão introdutório como esse, aprofundar a discussão sobre as possíveis soluções. Para começo de conversa: se os problemas que se concretizam e manifestam nas cidades têm causas que não são apenas locais, mas que remetem, muitas vezes, a fatores que operam em outras escalas (nacional e até mesmo internacional), as soluções, conforme eu acabei de salientar, não podem ser buscadas e alcançadas, todas, apenas por meio do planejamento e da gestão das cidades, mesmo que isso seja entendido de forma bem aberta e ampla (ou seja, sem reduzir o planejamento urbano ao Urbanismo e às preocupações tipicamente urbanísticas com a remodelação das formas espaciais, por razões funcionais e estéticas). E, no entanto, por razões práticas, o que eu posso fazer, aqui, é me deter um pouco sobre a escala local e aquilo que é possível fazer dentro dos limites dessa escala, mobilizando os recursos (econômicos, políticos, intelectuais...) aí disponíveis. Algo, porém, me conforta: a escala local não é tudo, mas está longe de ser irrelevante. A estratégia da *reforma urbana*, apresentada a seguir, exige que se explore ao máximo a margem de manobra possível existente na escala local (*mas, repita-se: sem esquecer os condicionantes e as tarefas que remetem a escalas mais abrangentes, inclusive em matéria de ancoragem jurídica e institucional da reforma urbana*), é um dos caminhos que escolhi para discutir as maneiras de chegar a um desenvolvimento urbano mais autêntico. Sem dúvida, não é o único caminho, e nem deve ser enxergado isoladamente. De qualquer modo, a reforma urbana é um caminho dos mais importantes, e a partir de sua discussão fica mais fácil abordar com profundidade outras tarefas, como foi feito no Cap. 11, onde eu analiso, brevemente, estratégias que admitem ser entendidas como complementares à da reforma urbana.

8. *Reforma urbana*: conceito, protagonistas e história

O que significa "reforma urbana"? É preciso começar definindo o que se entende por essa expressão, uma vez que ela facilmente pode se prestar a várias interpretações. Vou começar com um exemplo – ou melhor, com um *contra-exemplo*.

Pensemos na *Reforma Passos*, ou seja, naquele conjunto de obras de remodelação e embelezamento que, entre 1902 e 1906, teve lugar no centro Rio de Janeiro, sendo o engenheiro Francisco Pereira Passos o prefeito da cidade. Hoje em dia, aceita-se que a Reforma Passos possuiu três grandes objetivos: um, econômico (adaptar o Rio, então capital da jovem república brasileira, às exigências de uma economia urbana capitalista, deixando para trás a velha cidade colonial, com suas ruas apertadas e sua paisagem arcaica); outro, de natureza política, ou sociopolítica ("limpar" a área central dos cortiços e casas-de-cômodos, vistos como estando perigosamente próximos dos prédios que abrigavam o poder político formal e sediavam os negócios econômicos, por abrigarem pobres e indivíduos considerados ameaçadores, como capoeiras); e, finalmente, um objetivo ideológico-simbólico (modernizar e, assim, tornar mais digna a capital do Brasil, cuja imagem, tão associada a epidemias e outras mazelas, permitia um constrangedor contraste com as europeizadas rivais platinas, Buenos Aires e Montevidéu). Para lograr esses objetivos, o Estado promoveu a abertura e o alargamento de ruas (demolindo até bem além do que seria estritamente necessário, o que demonstra nitidamente a meta de promover uma expulsão maciça da população pobre), além da construção de praças e da promoção de outras obras de embelezamento. A construção do novo porto, embora sendo da alçada do Governo Federal, esteve intimamente conectada com a Reforma Passos.

A Reforma Passos foi autoritária em seus métodos e conservadora em seus objetivos. A meta era *modernizar* a cidade, em função de imperativos econômicos, políticos e ideológicos, não torná-la mais *justa*. Para fazer isso, sacrifícios foram impostos a proprietários de imóveis, a negociantes e, acima de tudo, aos moradores pobres, cuja sorte não interessava muito ao Estado. Autoritária e conservadora, a Reforma Passos representa, no fundo, o *inverso* do espírito da reforma urbana, no sentido que passarei, agora, a apresentar. Melhor seria chamá-la de uma *reforma urbanística*, socialmente conservadora ainda por cima.

A reforma urbana, no sentido do presente livro, não se circunscreve a uma remodelação do espaço físico. Ela é uma reforma social estrutural, com uma muito forte e evidente dimensão espacial, tendo por objetivo melhorar a qualidade de vida da população, especialmente de sua parcela mais pobre, e elevar o nível de justiça social. Enquanto uma simples reforma urbanística costuma estar atrelada a um entendimento estreito do que seja o desenvolvimento urbano, pode-se dizer que o *objetivo geral* da reforma urbana, em seu sentido mais recente, é o de promover um desenvolvimento urbano autêntico, nos termos delineados no Cap. 6 deste livro.

Os *objetivos específicos* da reforma urbana, por outro lado, são diversificados. Os mais importantes são: 1) coibir a especulação imobiliária, a qual, tipicamente, corre desenfreada em cidades de países periféricos e semiperiféricos; 2) reduzir o nível de disparidade socioeconômico-espacial intra-urbana, assim reduzindo o nível de segregação residencial; 3) democratizar o mais possível o planejamento e a gestão do espaço urbano.

Além desses, outros dois objetivos, ambos extremamente relevantes, podem ser apontados como *objetivos auxiliares* do objetivo específico relativo à redução do nível de disparidade socioeconômico-espacial intra-urbana: 1) garantir segurança jurídica para para as populações residentes em espaços carentes de regularização fundiária, tais como favelas e loteamentos irregulares; 2) gerar renda para os pobres urbanos. Este último objetivo pode ser considerado auxiliar do objetivo específico de redução do nível de disparidade socioeconômico-espacial intra-urbana porque, se um espaço segregado (sobretudo se for uma favela) receber dotação de infra-estrutura e passar por regularização fundiária sem que a renda dos seus moradores se altere, há uma grande probabilidade de que ao menos uma parte da população original, que seria a beneficiária da intervenção, acabe sendo compelida a deixar o local ("expulsão branca"), por não poder arcar com o ônus tributário decorrente da regularização fundiária e, também, ao ser pressionada pela valorização de seus imóveis no mercado.

Os objetivos específicos e auxiliares acima elencados podem ser atingidos com a ajuda de vários instrumentos de planejamento e de gestão, que serão apresentados no próximo capítulo. Deve ser salientado, desde já, que não basta dispor de uma boa "caixa de ferramentas" (isto é, de um bom conjunto de instrumentos de planejamento e mecanismos de gestão, legalmente amparados e economicamente viáveis) para se alcançarem bons resultados. Pensar assim seria de um tecnicismo ingênuo, especialmente em um país como o Brasil, onde, por exemplo, como reza o conhecido dito popular, há leis que "pegam" e leis que "não pegam". Mas que bons instrumentos ajudam, ah, isso ajudam... E muito. Sua existência não é uma condição suficiente, mas é, sim, uma condição necessária.

O segundo objetivo específico – reduzir o nível de disparidade socioeconômico-espacial intra-urbana, assim reduzindo o nível de segregação residencial –, particularmente, possui um gigantesco apelo prático para o homem comum. Ao se modificar a lógica da alocação espacial de investimentos públicos, investindo-se mais em áreas tradicionalmente negligenciadas (e que, não por acaso, são os espaços residenciais dos pobres), e ao se aplicarem instrumentos e mecanismos que viabilizem processos de regularização fundiária de favelas e loteamentos irregulares, de urbanização de favelas etc. de maneira eficiente e eficaz, promove-se, no médio e no longo prazos, uma espécie de *redistribuição indireta de renda*. Essa é uma das maiores potencialidades de uma reforma urbana bem executada. (Na verdade, mesmo que uma reforma urbana ampla não esteja em curso, a concretização de um *orçamento participativo* consistente e ambicioso pode ter um significativo impacto positivo nesse sentido. Retornarei ao assunto dos orçamentos participativos no próximo capítulo.) Uma redistribuição de renda *direta* é algo que, no geral, transcende a margem de manobra própria da escala local, pois depende de coisas como uma reforma tributária profunda e de medidas ainda mais ousadas, que remetem à escala nacional e, de certo modo, mesmo à internacional (pois muitos problemas essenciais só podem ser equacionados considerando, detidamente, o contexto internacional mais amplo, as brechas que ele oferece e as restrições que ele impõe). Uma reforma agrária até que consegue carregar dentro de si o potencial de uma redistribuição de renda direta, na esteira e como decorrência da redistribuição de patrimônio (terra), pelo fato de que o solo, do ponto de vista do pequeno agricultor a ser beneficiado por uma tal reforma, é o meio de produção por excelência, por intermédio do qual ele aufere sua renda. Já o solo urbano só é meio de produção para os capitalistas (industriais, comerciantes etc.), ao passo que, para a população urbana pobre, que é a principal beneficiária em potencial da reforma urbana, o solo urbano é um *suporte para a sua vida* (moradia, circulação, lazer), mas não é, ao menos para os trabalhadores assalariados que trabalham fora de casa para um patrão, um meio de produção. A renda dos assalariados urbanos depende, geralmente, de fatores outros, macroeconômicos e políticos, que, normalmente, remetem a escalas mais abrangentes que a local, onde as decisões de política econômica, tributária e trabalhista são tomadas.

O fato de diferir bastante de sua irmã mais velha, a reforma agrária, no que diz respeito à sua capacidade de gerar renda, não quer dizer que nada, no que tange à geração de emprego e renda no espaço urbano e para a população pobre (especialmente desempregados e subempregados), possa estar vinculado a uma reforma urbana. Se a reforma agrária inclui uma redistribuição de patrimônio (terra) que se traduz, diretamente, em geração de renda, uma reforma urbana, mesmo sendo mais conhecida pelos mecanismos e instrumentos que propiciam o tipo de redistribuição indireta de renda anteriormente mencionado, pode e deve, sim, englobar medidas que propiciem a geração de emprego e renda. Uma grande parte, às vezes a maior parte da população de certas cidades de países periféricos e semiperiféricos, vive de ocupações informais. Apesar de, muito freqüentemente, essas ocupações serem desenvolvidas fora do local de moradia – muitas vezes nas ruas, como ocorre com o comércio ambulante –, o local de moradia é, algumas vezes, também um suporte para atividades econômicas que geram renda suplementar para a família. Mesmo no caso da utilização de espaços públicos como suporte para atividades econômicas tem-se a conversão do solo urbano em um meio de produção para os pobres, ainda que em uma situação precária e muito pouco convencional; além disso, é necessário levar em conta a possibilidade (e, para muitos, a realidade) de o local de moradia vir a ser utilizado como suporte para atividades econômicas, passando, nesse caso, a atuar, também, como meio de produção. Programas governamentais os mais variados, indo da (re)capacitação profissional à absorção de mão-de-obra local para a realização de obras de urbanização e saneamento básico em áreas pobres, passando pelos chamados microcréditos (pequenos empréstimos oferecidos a juros muito baixos, normalmente com o objetivo de se abrir um pequeno negócio próprio) e pelo estímulo a cooperativas de produtores, podem e devem ser integrados entre si e, de algum modo, inseridos no contexto geral de um programa de reforma urbana (ver, mais adiante, o que diz o Cap. 11 sobre "economia popular"). Tais iniciativas podem, para além de representarem um alívio imediato para uma população que sofre com altas taxas de → *desemprego aberto e disfarçado*, conter, em alguns casos, um grande potencial de geração de consciência crítica e desenvolvimento de formas mais solidárias e cooperativas de coexistência.

Falta ainda, porém, fazer a pergunta: *quem* pode mudar *o quê*? Quem são os *protagonistas* da reforma urbana? Será que tudo depende do Estado, do Poder Público? Certamente que não. Até que o aparelho de Estado tem um papel relevante a cumprir, especialmente em um país marcado por crassas disparidades sociais e espaciais como o Brasil. Seria absurdo imaginar que os mecanismos de mercado, por si sós, possam corrigir as distorções geradas no interior do próprio capitalismo, garantindo, sem interferência, redução da injustiça social e das agressões contra o meio ambiente. No fundo, o capitalismo é um modo de produção ótimo para gerar riqueza, mas péssimo para distribuí-la com justiça e com atenção para a necessidade de proteção ambiental... Também seria pouco razoável imaginar que os grupos da sociedade civil, por si sós, e à revelia do Estado, conseguiriam, no médio prazo, muita coisa: afinal, certas mudanças podem ser conseguidas (e outras tantas *só* podem ser conseguidas) com mudanças dos marcos legais e institucionais. O aparelho de Estado possui competências regulatórias e normatizadoras que não podem ser ignoradas; mesmo em um país onde certas leis "pegam" e outras "não pegam", conquistar marcos legais adequados é uma tarefa importante a ser perseguida. Além disso, certas intervenções precisam, para serem realizadas, de recursos, cuja captação e mobilização tornam o auxílio por parte do Estado, ao menos em um primeiro momento, quase imprescindível. Isso não significa que, no longo prazo, se deva continuar apostando, indefinidamente, em auxílios estatais. E, como o longo prazo se constrói aqui e agora, cabe à sociedade civil buscar conquistar e manter espaços autônomos de ação, onde ações e planejamentos alternativos possam florescer – muitas vezes *a despeito* do Estado, nos interstícios do sistema; outras tantas vezes (e para muitos por princípio) *contra* o Estado, resistindo; às vezes, em circunstâncias favoráveis, *com* o Estado, mas sempre mantendo uma vigilância crítica.

O Estado, por sua margem de manobra econômica e política, deve ser encarado como uma instância importante, a ser "capturada" pelo campo progressista, de um ponto de vista pragmático. Por que, porém, "de um ponto de vista pragmático"? Porque, em uma sociedade capitalista, marcada pela exploração do trabalho pelo capital, fundada sobre a separação entre trabalhadores e meios de produção, as desigualdades tendem a ser "estruturais", ou seja, a existência de pobres, de populações segregadas, de desemprego etc. não é fortuita ou acidental, mas um componente típico da "lógica" do sistema. Nesse ambiente, o aparelho de Estado tende a ser não um "juiz neutro", pairando acima das classes sociais e acima do bem e do mal, mas uma instância de poder muito complexa e, ainda que influenciada por diversos interesses e submetida a muitas pressões, inclusive dos setores populares, a tendência geral é a de que o conteúdo da ação do Estado seja conforme aos interesses mais amplos das classes dominantes e, sem dúvida, da perpetuação do próprio sistema. Por isso, o Estado possui grandes limitações intrínsecas enquanto promotor de justiça social, pelo menos em última análise. Pragmaticamente, contudo, é importante influenciar a máquina do Estado para promover, por meio dela, alguns avanços relevantes. O que não quer dizer que isso seja o mais importante, ou que o Estado deva se intrometer demais nos assuntos da sociedade civil. As organizações da sociedade civil (de associações de moradores a entidades profissionais) precisam estabelecer alianças, cooperar entre si e desenvolver a capacidade de elaborar propostas de ação e políticas públicas, capazes de servir como ferramentas para pressionar o Estado e balizar a ação estatal, e realizar, autonomamente, ações e projetos. Mesmo em situações em que o Estado se apresenta mais democratizado e transparente, mais permeável à participação popular, uma certa tensão entre a ação estatal e as organizações da sociedade civil deverá permanecer (e é saudável que isso ocorra, pois, sem esse "controle externo", o risco de corrupção e intransparência da máquina estatal cresce); é necessário que essas organizações defendam e mantenham o máximo de independência em relação ao Estado, o qual deve, por sua vez, respeitá-la.

Focalizarei, agora, a *evolução* do ideário da reforma urbana.

A bem da verdade, a idéia de uma reforma urbana já havia feito seu aparecimento nos anos 50; naquela época, porém, o problema da escassez de moradias centralizava excessivamente as atenções, em detrimento de uma compreensão mais ampla dos problemas urbanos e suas interconexões. Com o golpe militar de 1964, os debates foram seriamente prejudicados e, sobretudo após a edição do tristemente famoso AI-5 (Ato Institucional n° 5), que marcou o início da fase mais dura do regime militar, eles praticamente foram interrompidos. Líderes de favelas, que resistiam contra a política de remoções do governo, e não somente militantes de partidos de esquerda, foram perseguidos e presos; a intelectualidade crítica foi amordaçada, e não foram poucos os intelectuais que tiveram de ir para o exílio. Somente nos anos 80, após o início do processo de "abertura" lenta e gradual do regime, o debate em torno do assunto seria retomado, desta feita dando lugar à construção de um verdadeiro ideário, ou seja, de um conjunto estruturado de idéias a respeito da natureza e dos meios de promoção da reforma urbana.

Quando o regime militar se aproximou de seu final, ficou claro que seria necessário elaborar e aprovar uma nova Constituição para o país, que vigorasse após a "redemocratização". Quando o último general-presidente (João Baptista Figueiredo) deixou o poder, em 1985, sendo substituído por José Sarney (que assumiu o cargo devido ao falecimento do presidente eleito pelo Congresso, Tancredo Neves, antes mesmo de sua posse), iniciaram-se os preparativos para a elaboração da nova Constituição Federal, que deveria substituir aquela de 1967. Foi aberta a possibilidade para que a própria sociedade civil apresentasse, diretamente ao Congresso, propostas legislativas, denominadas de "emendas populares". Os requisitos para que tais emendas fossem recebidas pelo Congresso Constituinte eram os seguintes: a emenda deveria ser subscrita por, pelo menos, 30.000 eleitores e, além disso, deveria ser apoiada por, pelo menos, três entidades da sociedade civil. Uma dessas "emendas populares" foi justamente a da reforma urbana, que obteve o apoio de cerca de 150.000 eleitores. Ocorre, porém, que havia um problema: o Congresso estava, sim, obrigado a *receber* a emenda, mas não a *incorporá-la* no texto constitucional... No fundo, portanto, era mais uma mecanismo *consultivo* que propriamente *deliberativo*!

No decorrer de uma longa tramitação, a emenda, que originalmente possuía duas dezenas de artigos e abrangia vários temas importantes, foi "emagrecendo", sendo podada, podada, até que, quando a Constituição foi, finalmente, promulgada, em 1988, o capítulo sobre política urbana da Carta Magna continha apenas dois artigos, o 182 e o 183. Convém reproduzi-los:

Art. 182 – A política de desenvolvimento urbano, executada pelo Poder Público Municipal, conforme diretrizes gerais fixadas em lei, tem por objetivo ordenar o pleno desenvolvimento das funções sociais da cidade e garantir o bem-estar de seus habitantes.

§ 1º – O Plano Diretor, aprovado pela Câmara Municipal, obrigatório para cidades com mais de vinte mil habitantes, é o instrumento básico da política de desenvolvimento e de expansão urbana.

§ 2º – A propriedade urbana cumpre sua função social quando atende às exigências fundamentais de ordenação da cidade expressa no Plano Diretor.

§ 3º – As desapropriações de imóveis urbanos serão feitas com prévia e justa indenização em dinheiro.

§ 4º – É facultado ao Poder Público Municipal, mediante lei específica para áreas incluídas no Plano Diretor, exigir, nos termos da lei federal, do proprietário do solo urbano não edificado, subutilizado ou não utilizado, que promova seu adequado aproveitamento sob pena, sucessivamente, de:

I – Parcelamento ou edificação compulsórios;

II – Imposto sobre a propriedade predial e territorial urbana progressivo no tempo;

III – Desapropriação com pagamento mediante títulos da dívida pública de emissão previamente aprovada pelo Senado Federal, com prazo de resgate de até dez anos, em parcelas anuais, iguais e sucessivas, assegurados o valor real para indenização e os juros legais.

Art. 183 – Aquele que possuir, como sua, área urbana de até duzentos e cinqüenta metros quadrados, por cinco anos, ininterruptamente e sem oposição, utilizando-a para sua moradia ou de sua família, adquirir-lhe-á o domínio, desde que não seja proprietário de outro imóvel urbano ou rural.

§ 1º – O título de domínio e a concessão de uso serão conferidos ao homem ou à mulher, ou a ambos, independente do estado civil.

§ 2º – Esse direito não será reconhecido ao mesmo possuidor por mais de uma vez.

§ 3º – Os imóveis públicos não serão adquiridos por usucapião.

(CONSTITUIÇÃO DA REPÚBLICA FEDERATIVA DO BRASIL, 1988)

Diante desse resultado, pareceu restar, como opção, concentrar os esforços em uma tentativa de converter os planos diretores municipais em meios de promoção da reforma urbana, mediante a previsão de instrumentos e mecanismos capazes de contribuir para o atingimento dos objetivos da reforma. Paralelamente, mas sem alarde e, deve-se dizer, sem grande força, buscou-se regulamentar os dois capítulos da Constituição por meio da Lei Federal de Desenvolvimento Urbano (mais conhecida como Estatuto da Cidade), somente aprovada em meados de 2001, após *onze anos* (!) de tramitação no Congresso Nacional.

Uma certa euforia inicial com os "novos planos diretores" e suas potencialidades teve lugar, pelo menos até a metade da década de 90. Não que os planos e as leis não sejam importantes, como referenciais técnicos e marcos jurídicos. Contudo, ao mesmo tempo em que a atenção se voltava cada vez mais para uma discussão técnica em torno dos intrumentos de planejamento e, cada vez mais, também para questões legais, o *contexto social mais amplo*, que é o que dá sentido a todo o resto, era banalizado ou negligenciado. É como se o aparelho de Estado, por si só, pilotado por forças políticas esclarecidas e assessoradas por planejadores e juristas progressistas, fosse realizar a reforma urbana; uma espécie de reforma urbana, portanto, mais e mais com cara de ser uma reforma "de cima para baixo".

Impossível, para mim, não recordar a contraditória (e sintomática) frase do ex-presidente João Figueiredo, o qual, imaginando ser possível estender a um país a disciplina da caserna, e ignorando que uma democracia só é autêntica se é uma construção coletiva, disse, em algum momento, que "iria fazer do Brasil uma democracia". A mesma contradição, embora apresentada em um invólucro muito mais sofisticado que aquele ao alcance do velho general da cavalaria, parece ter dominado os corações e mentes de muitos técnicos e gestores simpáticos à reforma urbana, que se puseram a pensar em tudo, menos na dinâmica da própria sociedade civil...

O movimento pela reforma urbana – no fundo, uma ampla frente de indivíduos e entidades, com interesses às vezes díspares – tem tido uma vida marcada por altos e baixos. A momentos de aglutinação e grande atividade das organizações e indivíduos que o animam, momentos esses nos quais a qualificação de movimento se mostra mais apropriada (como em meados dos anos 80), sucedem momentos de uma existência quase vegetativa, em que, à exceção das atividades de algumas organizações vertebradoras, a aparência é de hibernação. Até hoje, aliás, a bandeira da "reforma urbana" ainda é muito pouco conhecida da opinião pública brasileira, e mesmo entre intelectuais ela não é moeda corrente, a não ser em certos nichos de discussão mais específicos. É preciso cuidar para difundir muito mais o ideário da reforma urbana, ao mesmo tempo em que se dá conta de duas tarefas imprescindíveis: primeiro, prosseguir com o esforço de, em meio à complexidade de agentes modeladores e interesses que caracteriza as cidades brasileiras, extrair sínteses de fácil compreensão, sob a forma de propostas claras e operacionalizáveis; ao lado disso, cumpre valorizar certas questões que, por diversas razões, têm sido negligenciadas: por exemplo, a questão do *racismo* nas cidades brasileiras, a qual, devido a uma superênfase sobre os conflitos de *classe*, tem sido, tradicionalmente, esquecida, provavelmente por ser equivocadamente subsumida ou reduzida à problemática geral da exploração capitalista. O fato de a possibilidade de um "branqueamento cultural" nitidamente distinguir a situação brasileira da norte-americana, fazendo com que a variável "etnia" tenha, em si mesma, no nosso país, um peso menor que nos EUA para explicar a segregação residencial e as injustiças sociais, não autoriza a concluir pela inexistência de preconceitos de fundo étnico ou presumir que a agenda da reforma urbana pode, tranqüilamente, passar ao largo da questão do racismo.

9. Os instrumentos da reforma urbana

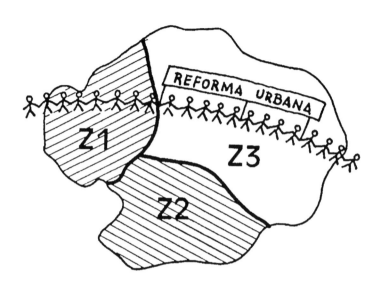

Não basta, para contribuir para o desenvolvimento urbano, ter princípios, objetivos e uma estratégia; é preciso munir-se de *instrumentos* adequados para implementar as propostas. É necessário, então, agora, examinar alguns instrumentos que podem servir aos propósitos da reforma urbana, e que são de vários tipos.

Vou começar a exposição relembrando os *objetivos específicos* da reforma urbana: 1) coibir a especulação imobiliária; 2) reduzir o nível de disparidade socioeconômico-espacial intra-urbana; 3) democratizar o mais possível o planejamento e a gestão do espaço urbano. Que instrumentos podem ajudar a alcançar cada um deles?

Para coibir a especulação imobiliária, instrumentos poderosos são o parcelamento e a edificação *compulsórios*, ou seja, tornados obrigatórios para o proprietário de um terreno que, por estar comprovadamente ocioso ou subutilizado, não atende, nem minimamente que seja, ao que a Constituição Federal consagrou como a "função social da propriedade (privada)"; o IPTU (Imposto Predial e Territorial Urbano) *progressivo no tempo*, que é o IPTU normal acrescido, ao longo do tempo, por um número "x" de anos, de um percentual crescente de majoração, com fins punitivos e para forçar o proprietário de um terreno comprovadamente ocioso ou subutilizado a dar a este um destino que atenda, minimamente que seja, ao princípio constitucional da "função social da propriedade"; e a *desapropriação*, como solução extrema. Esses instrumentos encontram-se, como se viu no capítulo anterior, previstos na Constituição Federal (Art. 182), promulgada em 1988, mas tiveram a sua aplicação bastante prejudicada porque, a rigor, assim como outros artigos da Constituição, também eles precisavam ser *regulamentados* por uma outra lei federal antes de serem efetivamente posto em prática. Essa regulamentação dos dois artigos que tratam da política urbana na Constituição brasileira só veio a ocorrer em 2001: o Art. 182 foi regulamentado por meio do Estatuto da Cidade (Lei nº 10.257, de 10/07/2001), o qual, como disse no capítulo precedente, ficou mais de um decênio tramitando no Congresso Nacional; e o Art. 183, que focaliza, como se viu no capítulo precedente, especificamente, o tema da regularização de terrenos urbanos ocupados irregularmente por população pobre, foi regulamentado alguns meses depois, ainda em 2001, por meio de uma medida provisória baixada pelo Presidente da República. Além disso, o Art. 182 da Constituição, ao especificar que "é facultado ao Poder Público municipal, mediante lei específica para área incluída no plano diretor, exigir, nos termos da lei federal, do proprietário do solo urbano não edificado, subutilizado ou não utilizado, que promova o seu adequado aproveitamento, sob pena, sucessivamente, de: I – parcelamento ou edificação compulsórios; II – imposto sobre a propriedade predial e territorial urbana progressivo no tempo; III – desapropriação (...)", mostra que, além da regulamentação por lei federal, também uma lei municipal (a lei do plano diretor) se faz imprescindível como requisito prévio à aplicação desses instrumentos. Pelo que se vê, ademais, existe uma sequência a ser respeitada: primeiro o proprietário de uma área mantida ociosa ou subaproveitada, como mera reserva de valor, recebe uma notificação de que deve dar um destino à sua propriedade, parcelando ou edificando; se ele nada fizer, poder-se-á, então, ultrapassado um determinado prazo, começar a aplicar alíquotas progressivas sobre a base do valor normal do IPTU, conferindo a este, assim, um caráter de progressividade no tempo, por um determinado período; findo esse período, e se o problema não tiver sido resolvido, o Estado pode, por fim, desapropriar.

O IPTU progressivo no tempo nada mais é do que o IPTU normal, só que tornado progressivo no tempo com uma finalidade punitiva, para coibir a especulação imobiliária. Após ser notificado sobre a exigência de parcelamento ou construção, o proprietário de um imóvel que, por suas características (relação entre tamanho e utilização efetiva), seja considerado ocioso ou subutilizado, terá um prazo para cumprir aquela exigência. Caso não o faça, o valor de seu IPTU será majorado anualmente, dentro de limites especificados no Estatuto da Cidade.

Caso o proprietário de um terreno ocioso ou subutilizado não promova o seu adequado aproveitamento, mesmo após ser notificado e pagar, durante anos, o IPTU majorado, resta lançar mão da desapropriação, prevista no Art. 182 da Constituição e, também, no Estatuto da Cidade. A desapropriação é um recurso usado há muitíssimo tempo pelo Estado, com finalidades diversas, sempre ditas de "utilidade pública" ou de "interesse social", como a construção de grandes obras de engenharia (por exemplo, viadutos). A relativa novidade é a possibilidade de seu emprego maciço para coibir a especulação imobiliária. E mais: conforme determina a Constituição (Art. 182, § 4º, inciso III), a indenização se fará mediante títulos da dívida pública, resgatáveis em até dez anos, e não em dinheiro. As únicas indenizações em dinheiro, prévias e justas, são aquelas que não têm caráter punitivo (Art. 182, § 3º).

Outro instrumento interessante, de natureza tributária como o IPTU progressivo no tempo, é a *contribuição de melhoria*. Aquilo que justifica a aplicação da contribuição de melhoria é a valorização imobiliária decorrente de obras públicas. Ou seja, o aumento de valor dos imóveis próximos a alguma obra realizada pelo Poder Público, portanto com o dinheiro de todos os contribuintes, e decorrente da própria obra. É importante entender, porém, que, já que o provimento de infra-estrutura básica a todos os cidadãos é um dever do Estado, não se deve restringir o tipo de obra pública que venha a justificar a cobrança desse tributo a obras que não sejam para satisfazer → *necessidades básicas*. O Decreto-Lei n.º 195, de 24/02/1967, ao arrolar as obras passíveis de justificarem o lançamento do tributo, inclui coisas como a pavimentação, a iluminação, a arborização e mesmo os esgotos pluviais e outros melhoramentos básicos de logradouros públicos, o que me parece inaceitável. O tributo da contribuição de melhoria é interessante, pelo seu potencial de progressividade; ou seja, de recapturar para os cofres públicos pelo menos parte da valorização imobiliária decorrente de intervenções do Estado. Porém, se não se restringir a sua aplicação a bairros privilegiados e a certos tipos de obras, corre-se o sério risco de introduzir um tributo regressivo, causador mais de novos problemas que de soluções. A contribuição de melhoria é um tributo muito antigo, previsto na legislação brasileira desde os anos 30; entretanto, raramente foi utilizado. As razões são menos de ordem propriamente técnica (como dificuldades de cálculo) que de ordem gerencial (pois há a necessidade de se ter um acompanhamento adequado do mercado imobiliário) e política.

Ainda um outro instrumento digno de menção é a *outorga onerosa do direito de construir*, mais conhecida pelo seu apelido: "*solo criado*". A expressão "solo criado" vem do fato de que, ao se construir um prédio, cada pavimento ou piso para além do térreo corresponde a uma espécie de solo artificial; é como se se "criasse solo", portanto. O solo criado corresponde a uma espécie de tributo ou contraprestação que o incorporador imobiliário paga à municipalidade. A lógica é a seguinte: prédios altos, via de regra construídos para atender às necessidades residenciais ou de negócios de uma camada privilegiada da população, acarretam uma sobrecarga nada desprezível sobre a infra-estrutura instalada, a qual foi paga pelo conjunto dos contribuintes. É bem verdade que o IPTU já deve trazer embutidas, em si, várias das características do imóvel que determinam o seu valor de mercado, referentes ao seu tamanho, sua localização etc.; isto não compensa a coletividade diretamente, porém, pelos custos, especificamente, quando da proliferação de edifícios muito altos, devido ao fato de que o impacto sobre os equipamentos e o risco de saturação da infra-estrutura são, nesse caso, significativos. Ou seja: o solo criado não deve ser encarado como supérfluo apenas porque já existe a cobrança do IPTU.

Juridicamente, a premissa necessária para a aplicação do solo criado é uma certa separação entre o *direito de propriedade* e o *direito de construir*. O primeiro é, em uma sociedade capitalista, inviolável; isso não significa, porém, que ele não possa ser, mesmo em uma tal sociedade, limitado por razões de interesse coletivo, por exemplo regulando-se e restringindo-se o segundo. (A propósito: o parcelamento e a edificação compulsórios, o IPTU progressivo e a desapropriação com fins punitivos correspondem a um outro tipo de limitação do direito de propriedade: a restrição do "direito de nada fazer" com um imóvel urbano ou de deixá-lo subutilizado.) O solo criado tem sido objeto de diferentes controvérsias, como aquela em torno da sua natureza de tributo em sentido estrito ou não. É, também, um instrumento complexo, interessante e multifacetado, cuja aplicação, se bem que não seja simples e exija cuidados, pode valer a pena.

A redução do nível de disparidade socioeconômico-espacial intra-urbana não é um objetivo simples (como, aliás, o combate à especulação imobiliária tampouco o é). Para alcançá-lo, instrumentos como *fundos de desenvolvimento urbano* e *zoneamentos de prioridades* podem e devem ser utilizados.

Um fundo de desenvolvimento urbano é uma concentração de recursos, de procedências diversas (por exemplo, recursos auferidos com o IPTU progressivo, na base da sobretaxação daqueles que comprovadamente mantêm terrenos ociosos com propósitos especulativos), com o objetivo de, mediante financiamentos, promover-se o desenvolvimento urbano. O fundo deve ser complementado pelo zoneamento de prioridades, que é uma identificação de espaços (ou zonas, como prefere o linguajar técnico) que, por serem problemáticos, são considerados como merecedores de atenção especial por parte do Poder Público. Esses espaços podem ser favelas e loteamentos irregulares, demandando regularização da propriedade da terra e investimentos em infra-estrutura; podem ser, também, áreas de preservação ambiental. O assunto dos zoneamentos exige, contudo, um pouco mais de detalhe.

O tipo mais usual de zoneamento é o *zoneamento de uso do solo*. Nele, a cidade é dividida em zonas conforme o tipo de uso do solo mais adequado para as diferentes partes do tecido urbano. Um exemplo: não faz sentido prever ou aprovar a localização de indústrias poluentes em uma área residencial; isso seria atentar contra a saúde e o bem-estar dos moradores de uma maneira gritante. Outro tipo de zoneamento é o *zoneamento de densidade*, o qual procura ordenar o crescimento e o adensamento demográfico e construtivo da cidade, para evitar tanto o extremo da saturação de infra-estrutura quanto o outro extremo que é a existência de partes inteiras do município, potencialmente propícias à expansão urbana, com ocupação muito rarefeita. Para conseguir um balanceamento e evitar esses extremos, buscando uma cidade compacta mas não superadensada, pode-se lançar mão de instrumentos que visem a limitar a atividade construtiva (como a limitação do número de pavimentos, ou do percentual do terreno em que se pode construir). O zoneamento de prioridades não vem substituir esses dois outros tipos de zoneamento, mas sim complementá-los. É importante, de toda maneira, chamar a atenção para o fato de que o zoneamento de uso do solo, sobretudo no passado, mas também ainda hoje, costuma ser concebido de modo muito rígido, na base de uma separação muito detalhada entre os usos e, inclusive, entre usos que, na verdade, beneficiam a população quando estão mesclados (sempre observando certos preceitos de salubridade e bem-estar, é claro), como o comercial e o residencial. Com isso, ele acaba, várias vezes, causando problemas, como a necessidade de a população vencer grandes distâncias para adquirir bens e serviços. Também a previsão e o estímulo à expansão horizontal desordenada, espraiando demais a mancha urbana (mas, em uma cidade de país subdesenvolvido, via de regra de modo descontínuo, devido à especulação imobiliária), são negativos, sob o ângulo do gasto de energia (consumo de combustível aumentado em decorrência das grandes distâncias), e essa expansão desordenada foi, com freqüência, um subproduto de zoneamentos de uso do solo inadequados, que respaldam os interesses especulativos. Aquela rigidez e o incentivo à "cidade espraiada" são incompatíveis com o espírito da reforma urbana, assim como também o é a atribuição de uma importância exagerada ao zoneamento de uso do solo. A "cidade compacta", com o máximo de diversidade de usos por bairro (exceção feita, lógico, à mistura de usos que realmente atritem muito entre si), é, por outro lado, uma meta perfeitamente compatível com os ideais de justiça social que levaram à concepção do zoneamento de prioridades.

Os instrumentos de regularização fundiária devem, agora, ser mencionados mais detidamente. No caso das favelas, aquelas que ocuparem terras particulares poderão se beneficiar do instrumento chamado de *usucapião*, previsto no Art. 183 da Constituição Federal. O usucapião (ou, como preferem os puristas, embora soe horrível: *a* usucapião), aplicável quando se puder provar que alguém (homem ou mulher) possuiu, "como sua, área urbana de até duzentos e cinqüenta metros quadrados, por cinco anos, ininterruptamente e sem oposição, utilizando-a para sua moradia ou de sua família", pode ser individual ou coletivo, isto é, se dar sob a forma de um ato que beneficia, conjuntamente, um grande número de famílias ao mesmo tempo. No caso de as terras ocupadas serem de propriedade do Estado (Prefeitura, Poder Público estadual ou União), o usucapião não se aplica, sendo previsto um outro instrumento, a chamada *concessão de direito real de uso*. No caso da concessão de uso, não há transferência de propriedade; no entanto, os direitos dos moradores ficam bastante assegurados, pois se trata de um contrato formal, a ser registrado no Registro de Imóveis.

Resumindo, os diversos instrumentos devem interagir da seguinte forma: instrumentos tributários como o IPTU progressivo, ao lado de terem utilidades mais específicas (no caso do IPTU progressivo, coibir a especulação imobiliária e, assim, reduzindo problemas como os "vazios urbanos" e a "urbanização em saltos"), ajudam a gerar recursos adicionais para o Poder Público; esses e outros recursos são destinados a um fundo específico, o qual servirá para financiar investimentos em áreas definidas por um zoneamento, nas quais, conforme o tipo de problema, serão identificadas zonas de investimentos públicos prioritários, como favelas, loteamentos irregulares e áreas de proteção ambiental.

A democratização do planejamento e da gestão é, mais que um objetivo, um princípio fundamental. Mesmo no interior de uma sociedade caracterizada por uma separação estrutural entre dirigentes e dirigidos é possível avançar bastante nessa direção. O fundo de desenvolvimento deve ser gerido por um conselho com participação popular. O problema é que há formas e formas de participação, algumas sem aspas e muitas com aspas, de modo que dizer, apenas, que existe um conselho "participativo" não basta. Será que se a sociedade civil presente no conselho for chamada apenas a *opinar* sobre determinadas matérias, sem poder, efetivamente, tomar decisões, essa será uma participação com ou sem aspas? E se, no conselho, a metade dos assentos for ocupada por representantes do próprio aparelho de Estado, com direito a voz e voto: será esse um conselho verdadeiramente participativo? Além do mais é preciso saber também outras coisas: como são escolhidos os conselheiros? Como e com que freqüência eles prestam contas às suas respectivas bases sociais? Eles têm acesso a informação suficiente e correta, para poderem decidir com conhecimento de causa (ou seja, para não serem, simplesmente, induzidos a aprovar coisas de interesse da Prefeitura)? O Estado se preocupa em capacitar tecnicamente os conselheiros, para que melhor possam discutir certos assuntos? Que mecanismos garantem que, mesmo em um conselho deliberativo, as decisões tomadas ou monitoradas pelos conselheiros serão executadas exatamente da forma como foram aprovadas? Essas e outras perguntas evidenciam que uma participação popular que não seja mero engodo, ou mera cooptação, não é coisa tão simples de se conseguir quanto se poderia imaginar. É preciso criar uma série de condições favoráveis para que a instância de participação tenha vida efetiva e não se desvirtue, ou sirva apenas de fachada ou artifício de legitimação nas mãos dos governantes.

O leitor talvez esteja se perguntando: mas, de que valem tantos instrumentos e mecanismos, mesmo que amparados em lei, se estamos em um país onde, como se diz, há algumas leis que "pegam" e outras que "não pegam"? De que valem leis se as leis não são respeitadas? Essa é uma questão muito importante. Antes de mais nada, é preciso deixar claro que, independentemente de qualquer coisa, é muito melhor existir uma lei, e uma boa lei, que lei alguma. Se a lei existe, ela pode ser até desrespeitada, mas ela está lá, pelo menos como uma arma em potencial, para ser usada pela população para defender seus direitos. Entretanto, é claro que isso não basta. E para que leis "peguem" e instrumentos sejam implementados, é muito importante que a sociedade civil esteja informada e se mobilize para exigir e fiscalizar o cumprimento da lei. Vou retornar a esse assunto dos obstáculos para a implementação da reforma urbana no próximo capítulo, mas é fundamental ressaltar, já aqui, que a participação popular no planejamento, que é, como se viu, um dos três pilares constitutivos da reforma urbana, pode contribuir decisivamente para a efetiva implementação das leis, já que, estando direta e fortemente envolvida no processo, a sociedade civil irá colaborar muito mais eficazmente na fiscalização do cumprimento das leis.

Por fim, mas não com menor ênfase: antes de se partir para a reforma urbana ou paralelamente a ela, é preciso fazer a "lição de casa" básica! Cadastros imobiliários e técnicos, plantas de valores (que é a base para o lançamento do IPTU), reforma administrativa... Tudo isso são coisas que não podem, em hipótese alguma, ser negligenciadas. Cadastros e plantas de valores precisam ser atualizados com freqüência. E uma reforma administrativa, muitas vezes, é imperativa para se poder tornar a máquina estatal menos burocrática, mais eficiente e, também para facilitar a cooperação entre secretarias e órgãos e a própria abertura à participação popular.

Antes de concluir este capítulo, vale a pena, por desencargo de consciência, repisar um ponto fundamental. Eu disse, bem no começo do capítulo, que "não basta, para contribuir para o desenvolvimento urbano, ter princípios, objetivos e uma estratégia; é preciso munir-se de *instrumentos* adequados para implementar as propostas". Por outro lado, não se pode, em absoluto, pensar que basta pôr em um plano diretor uma boa quantidade de instrumentos "progressistas" para que se logre avançar muito. Os instrumentos, mesmo aqueles menos ambíguos ou ambivalentes, de pouco ou nada adiantam se não existirem as condições políticas, sociopolíticas e político-culturais para que eles sejam aplicados, e bem aplicados. Com isso se reforçam duas coisas: para o analista, a exigência de nunca descurar a análise da sociedade em favor de uma superênfase sobre os instrumentos e os marcos legais; e, para todos, o lembrete de que a democratização do planejamento e da gestão, longe de ser apenas um detalhe, ou um simples ingrediente a mais, é o que dá sentido e vida a todo o resto.

10. Os obstáculos e o alcance da reforma urbana

Não são poucos os obstáculos para a implementação de uma reforma urbana. Um deles é o próprio fato de que, diferentemente da reforma agrária, a urbana é, ainda, como já se disse, muito pouco conhecida. E, evidentemente, as chances de que a sociedade pressione ou clame por ela variam na razão direta do conhecimento de seu conteúdo e de sua importância por parte da opinião pública. Contribuir para disseminar esse conhecimento fora dos círculos de especialistas foi uma das razões pelas quais decidi elaborar este livro.

Inicialmente, devem ser considerados os *obstáculos políticos*. Uma reforma urbana, ao representar a aplicação de instrumentos de planejamento e gestão urbanos, possui, naturalmente, uma forte dimensão técnica. Negar isso, e afirmar que "tudo não passa de uma questão política", seria de um panfletarismo tão burro quanto irresponsável. No entanto, é inegável que os obstáculos principais não são de natureza técnica, mas sim política: os interesses contrários a uma genuína reforma urbana são poderosos demais, sua capacidade de pressão sobre o Estado é muito grande. Instrumentos como o IPTU progressivo no tempo, o "solo criado" e outros contrariam os interesses dos agentes modeladores do espaço urbano que ganham com a especulação imobiliária, com a densificação excessiva em certas áreas nobres da cidade, com a destruição do patrimônio natural e histórico-arquitetônico. Muitas vezes, argumentos "técnicos" contrários à utilização desses instrumentos têm por trás de si interesses muito bem articulados de defesa do direito de se fazer o que quiser com as propriedades e o espaço da cidade, em nome da "liberdade individual", da "modernização", do "progresso" ou coisas que tais.

Os obstáculos políticos são secundados e, em larga medida, viabilizados graças à capacidade que os grupos e as classes dominantes têm de, por meio da propaganda, e utilizando-se da mídia, "fazerem a cabeça" da opinião pública e, muitas vezes, dos próprios técnicos e estudiosos. São os *obstáculos culturais/de mentalidade*. Assim, ao mesmo tempo em que o senso comum costuma crer que o grande problema das cidades brasileiras é a "falta de planejamento" (atribuindo, com isso, ao planejamento estatal uma capacidade que ele não tem e não pode ter em matéria de resolução de problemas e superação de conflitos), os grupos dominantes costumam boicotar tentativas de se regularem o crescimento urbano e o uso do solo, tentando fazer crer que o planejamento, mesmo quando é até relativamente tímido em matéria de combate à especulação imobiliária e ao superadensamento, pode ser nocivo. Um exemplo formidável disso é a campanha que foi orquestrada por um *pool* de três dezenas de entidades (Associação das Administradoras de Bens Imóveis e Condomínios de São Paulo/ AABIC, Associação dos Dirigentes de Vendas e Marketing do Brasil/ADVB, Associação das Empresas de Loteamento e Desenvolvimento Urbano do Estado de São Paulo/AELO, Associação Brasileira de Lojistas de Shopping Centers/ALSHOP, Associação Nacional dos Comerciantes de Materiais de Construção/ANAMACO, Associação Paulista de Empresários de Obras Públicas/APEOP-SP, Associação Brasileira dos Escritórios de Arquitetura/ASBEA, Sindicato dos Corretores de Imóveis do Estado de São Paulo/SCIESP, Sindicato da Indústria da Construção de São Paulo/SINDUSCON, e várias outras) contra a proposta de plano diretor apresentada pela Prefeitura de São Paulo em 2002. Apesar de ser essa proposta até tímida, e de ela não ser um exemplo muito bom de tentativa de implementação do ideário da reforma urbana, bastou a menção a certos instrumentos e a certos objetivos regulatórios para mobilizar dezenas de entidades representantes de grupos de interesse diversos e justificar, por exemplo, uma matéria publicitária de quatro páginas inteiras nos jornais (vide *Folha de São Paulo*, 30/06/2002) sob o título, em letras garrafais, "Quem perde com o novo Plano Diretor de São Paulo?" (ao que se respondeu, também em letras garrafais e fazendo-se uso de fotografias de forte apelo emocional: "O trabalhador perde" – argumento do perigo da perda de empregos em função da retração da construção civil –, "A família perde" – argumento de que o sonho da casa própria ficará mais distante – e "A cidade perde" – argumento de que o novo plano trará confusão, insegurança, fuga de investimentos etc.). Diante disso, não deixa de ser expressão de uma certa tacanhez (e, também, um obstáculo cultural/de mentalidade à disseminação do ideário da reforma urbana), que uma considerável parcela da intelectualidade crítica brasileira ligada aos estudos urbanos continue a dar muito menos atenção do que deveria ao planejamento e à gestão das cidades (discussões sobre reforma urbana incluídas), concentrando-se, excessivamente, sobre diagnósticos e análises, menos ou mais argutas, da realidade existente, muitas vezes sob argumentos constrangedoramente simplistas e generalizantes no estilo "todo planejamento é conservador".

Existem, também, *obstáculos econômicos* variados. Eles dizem respeito não apenas às resistências dos grupos economicamente dominantes, já abordadas ao se mencionarem os obstáculos políticos, mas, também, à escassez de recursos para que certos objetivos possam ser alcançados, escassez essa derivada do endividamento do Poder Público municipal, da desatualização de cadastros imobiliários, de gastos governamentais irresponsáveis, da fraqueza da base econômica de muitos municípios, e por aí vai. Sem recursos suficientes para investir, a adoção de um orçamento participativo, apenas para exemplificar, pode acabar gerando frustração, por criar expectativas que não poderão ser satisfeitas. A solução não é, então, jogar a toalha no ringue e desistir de implementar objetivos mais ambiciosos em matéria de promoção de justiça social, mas cuidar de tentar melhorar as finanças municipais.

Importantes são, também, certos obstáculos especificamente *jurídico-institucionais*, grandemente derivados dos obstáculos anteriormente comentados. Mesmo com o Estatuto da Cidade, não se fez, ainda, tudo o que se pode fazer para respaldar adequadamente os esforços em prol de uma reforma urbana em nível federal, mediante legislação adequada; aliás, o próprio Estatuto da Cidade está longe de ser perfeito, sob esse aspecto. Faz falta, também, uma estrutura institucional mais apropriada, no âmbito do governo federal, para auxiliar no suporte técnico, econômico e mesmo jurídico a um eventual esforço concertado de impulsionamento da reforma urbana em escala nacional, na base da cooperação entre União, estados e municípios.

Aos obstáculos políticos, culturais, econômicos e jurídico-institucionais podem ser adicionadas as *dificuldades gerenciais e técnicas*. Elas compreendem coisas muito variadas, indo desde a falta ou escassez de quadros técnicos bem preparados nas prefeituras até o puro e simples desconhecimento dos instrumentos, passando pelas dificuldades de implementação destes devido à inexistência ou defasagem de cadastros, ineficiência burocrática etc.

A esses obstáculos deve ser acrescentado, por fim, um outro, de natureza *sociopolítica*, e cuja importância cresce a olhos vistos no Brasil atual, especialmente em algumas grandes cidades, mas não só nelas: os impactos da presença e expansão do tráfico de drogas de varejo, particularmente a formação de enclaves territoriais controlados por grupos de criminosos. De certo modo, é a própria gestão da cidade, em sentido bastante geral, que tem de se adequar a uma situação em que, como no Rio de Janeiro, nenhuma intervenção do Poder Público tem lugar em uma favela controlada pelo tráfico sem que se tenha, antes, de "negociar" com este e obter sua anuência. No entanto, é precisamente quando se trata de pensar em democratizar o planejamento e a gestão, introduzindo esquemas de participação popular, que a fragmentação do tecido sociopolítico-espacial e outros impactos do tráfico de drogas se mostram poderosos obstáculos: que participação "voluntária" e minimamente "livre" se pode esperar da população de uma favela tutelada por traficantes, os quais, de acordo com sua conveniência, restringem a liberdade dos moradores ("toque de recolher" e congêneres), instrumentalizam e manipulam líderes comunitários e, quando estes não colaboram, os ameaçam, expulsam e mesmo matam? De certo modo, o planejamento urbano precisa ser pensado, nesses casos, articuladamente com uma política de segurança pública arejada e progressista. Não é possível, hoje em dia, falar de reforma urbana sem fazer referência explícita, clara e destacada a esse problema; as condições de hoje não são, também sob esse aspecto, as mesmas do começo dos anos 80.

Como se viu, não são poucos os obstáculos para uma reforma urbana digna desse nome. E, apesar de todas essas barreiras, de todos esses empecilhos, é lícito, mesmo assim, perguntar: será a reforma urbana suficiente? Qual é o alcance de uma reforma urbana a ser conduzida no interior da ordem social capitalista, e ainda por cima em um país semiperiférico?

Existem várias "escalas de problemas" no que diz respeito aos problemas enfrentados pelos moradores das cidades brasileiras. Alguns são específicos da própria cidade, ou têm, pelo menos, a ver com particularidades de cada cidade; já outros, se não são exclusivos de um estado ou de uma região, são, pelo menos, influenciados, positivamente (amenizados) ou negativamente (agravados) por fatores econômicos, políticos e culturais em escala estadual ou regional, como a pujança econômica e a conjuntura política. Vários problemas importantes nos remetem à escala nacional: são aqueles que, às vezes tendo raízes multisseculares, e remetendo vez por outra ao próprio passado colonial, se referem às particularidades e à margem de manobra econômica e político-institucional do país, além de terem a ver, também, com especificidades de ordem cultural. A cada escala se associa uma certa margem de manobra para o Estado ou a própria sociedade civil (movimentos sociais, organizações diversas etc.) tentar superar problemas; e cada escala "filtra', por assim dizer, as influências que emanam de outras escalas: por exemplo, circunstâncias muito favoráveis em nível local, estadual ou regional (administrações eficientes e comprometidas com uma agenda que priorize a justiça social, pujança econômica, sociedade civil bem organizada etc.) podem contribuir, e muito, para mitigar problemas nacionais. No entanto, há fatores que estão além da esfera de influência e competência de qualquer prefeito, governador ou mesmo presidente da república, assim como de qualquer movimento social: os fatores derivados da própria dinâmica geoeconômica (dinâmica do capitalismo, globalização) e geopolítica em escala mundial. E, em última análise, e em grande parte, o que se passa nas cidades brasileiras e no próprio Brasil é resultado de fatores econômicos e políticos que escapam ao controle de agentes operando apenas dentro do território nacional.

Uma reforma urbana, se for bem conduzida, pode ser uma contribuição decisiva na direção da superação de diversas dificuldades; e, se a margem de manobra econômica e política nacional for bem explorada, não há por que duvidar de que uma reforma urbana possa vir a ser bem conduzida. Ela não seria capaz, contudo, de eliminar inteiramente a segregação e erradicar completamente a pobreza urbana. A exploração de classe não desaparecerá sem que se supere o próprio modelo social capitalista, e isto é tarefa que ultrapassa as possibilidades de um único país. Da mesma forma, a democratização do planejamento e da gestão das cidades exigem, no limite, muito mais do que uma simples "participação popular" ou uma "co-gestão" Estado/sociedade civil, por mais que isso possa, se for bem feito, representar um avanço real: demandam uma eliminação da separação estrutural entre dirigentes e dirigidos, demandam uma verdadeira *autogestao*, o que depreende uma ruptura radical com o modelo político existente. Em circunstâncias excepcionais, um país pode, talvez sozinho, dar largos passos na direção de metas bem mais ambiciosas, a despeito das formidáveis pressões contrárias que, certamente, hão de vir do exterior. Isso, todavia, é, pelo momento, apenas um exercício especulativo...

11. "Irmãos" e "primas" da reforma urbana: orçamentos participativos e organizações de economia popular

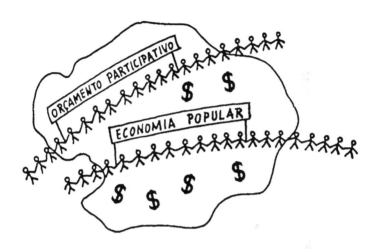

Há, além da reforma urbana, outras iniciativas e mecanismos que, embora também sofrendo as restrições impostas pelos marcos representados pela conjugação do modo de produção capitalista com a → *democracia representativa* – a isso se aliando as limitações da margem de manobra econômica e política vinculada à escala local – podem, à semelhança daquela, prestar uma colaboração importante na tarefa de fazer das nossas cidades lugares com melhor qualidade de vida e socialmente mais justos. Por partilharem a mesma vocação da reforma urbana, os *orçamentos participativos* e as organizações de *economia popular* serão chamados de, respectivamente, os "irmãos" e as "primas" da reforma urbana.

Complementando o assunto da redução do nível de disparidade socioeconômico-espacial intra-urbana focalizado no Cap. 9, e adentrando novamente o tema da participação popular no planejamento e na gestão, deve-se mencionar um mecanismo de gestão urbana (ou, mais precisamente, municipal) que vem ganhando crescente e rápida popularidade: o *orçamento participativo*. Trata-se, como nome sugere – pelo menos em uma situação ideal... –, de delegar poder aos próprios cidadãos para, diretamente, decidirem sobre o destino a ser dado aos investimentos públicos.

As primeiras experiências brasileiras de participação popular na elaboração do orçamento público municipal remontam ao final da década de 70 e ao início da década seguinte: em Lages (estado de Santa Catarina), ainda nos anos 70, e em Pelotas (Rio Grande do Sul) e Vila Velha (Espírito Santo), nos anos 80, esquemas de envolvimento direto da população nas decisões sobre o orçamento municipal foram adotados. No entanto, tais experiências, até pela conjuntura política nacional em que tiveram lugar (ainda durante o Regime Militar, embora em sua fase final), não chegaram a ter grande alcance, nem gerar um efeito multiplicador significativo. Elas pertencem, como eu tenho chamado, a uma espécie de "pré-história" do orçamento participativo. A fase atual de difusão desse tipo de experiência no Brasil começa com Porto Alegre, em 1989. Desde então, dúzias e mais dúzias de outros municípios vêm adotando esquemas ditos de orçamento participativo, na grande maioria dos casos sob inspiração direta ou indireta da experiência de Porto Alegre.

Um orçamento participativo consiste, tipicamente, em uma sucessão de etapas ao longo do ano, durante as quais ocorre, aproximadamente, o seguinte: primeiramente, a Prefeitura informa a população sobre a realidade orçamentária prevista para o próximo ano, presta contas sobre as despesas do ano anterior e busca (de preferência em parceria com organizações e grupos da sociedade civil) atrair novos participantes; em seguida, são escolhidos delegados dentre os grupos da sociedade civil presentes às primeiras assembléias anuais, com o objetivo de ajudar a organizar e monitorar o processo (podem já ser escolhidos, nessa etapa, ou em uma etapa posterior, os delegados chamados, normalmente, de "conselheiros", que vão ser os porta-vozes da base social junto à administração, cuidando para que aquilo que foi decidido pela base seja, de fato, previsto e implementado); depois, a sociedade civil se organiza (reuniões e assembléias em bairros comuns e favelas, ou em agregados de bairros e favelas, por setor geográfico, mas também, eventualmente, reuniões "setoriais", por tema, como tem ocorrido) para discutir suas necessidades e estabelecer prioridades; por fim, instala-se um conselho, onde, de preferência, o Estado não tenha representantes com direito a voto (mas, sim, apenas técnicos, para orientar os delegados da sociedade civil) – e é esse conselho que irá consolidar, para todo o município, as demandas das bases sociais, verificando possíveis problemas (como demandas não conformes à legislação) e monitorando a elaboração da peça orçamentária que será, ao final, enviada à Câmara Municipal para apreciação e votação pelos vereadores.

Porto Alegre não foi apenas relativamente pioneiro, por inaugurar toda uma nova fase, na qual os orçamentos participativos vêm se difundindo rapidamente. O orçamento participativo da capital gaúcha foi e continua sendo, tanto quanto seja do meu conhecimento, o mais ousado e avançado esquema participativo em curso no país. Isso não quer dizer que não haja, lá, problemas, ou gargalos que precisam ser superados; não obstante, a fama, nacional e até internacional que o orçamento participativo porto-alegrense vem obtendo (administradores públicos de cidades do Terceiro e mesmo do Primeiro Mundo, assim como boa parte da esquerda internacional, vêm observando com respeito e crescente interesse o que se passa em Porto Alegre, inclusive com o objetivo de extrair ensinamentos para seus próprios países e cidades) é bastante justificada.

Atualmente, monta a cerca de uma centena e meia o número de administrações municipais que, alegadamente, adotam um "orçamento participativo"(ou, em alguns casos, o equivalente disso sob outro rótulo). Contudo, a de Porto Alegre é, dentre as experiências de orçamento participativo que investiguei ou sobre as quais disponho de informações, a única da qual se pode dizer, sem restrições fundamentais, que, de fato, parece corresponder a uma genuína delegação de poder do Estado para a sociedade civil. Lá, critérios básicos como transparência do processo, caráter verdadeiramente deliberativo, envolvimento da população na definição de todas as "regras do jogo" (da malha territorial que serve de referência para a organização do processo à "metodologia" e ao calendário) e decisão sobre um percentual expressivo do orçamento (em Porto Alegre, a totalidade dos investimentos, mais a apreciação em torno do restante das despesas, mais rígido) são, ainda que, em alguns casos imperfeitamente, atendidos de modo satisfatório. Em outras situações, problemas diversos costumam comparecer – às vezes um e outro, não raro vários deles de uma só vez: a informação circula muito mal, o que faz com que os delegados e conselheiros opinem (e, eventualmente, deliberem) sem muito conhecimento de causa, podendo ser muito facilmente manipulados; muitos critérios, às vezes todos, são definidos previamente pelos técnicos e administradores, em gabinete; o percentual das despesas disponibilizado para a esfera da participação popular é pequeno (apenas uma parte dos investimentos, em alguns casos até uma parte pequena); o aparelho de Estado se faz presente, com direito de voz e voto, nas instâncias deliberativas, dessa forma restringindo consideravelmente qualquer autonomia de decisão dos delegados e conselheiros da sociedade civil. A "consistência participativa" da maior parte das experiências não parece ser, pelo que mostra a minha experiência de pesquisa com o assunto, muito entusiasmante. Isso não prova, certamente, que os céticos de plantão estão cobertos de razão ao duvidarem de que avanços importantes são possíveis em nível local e nas condições concretas do Brasil atual; afinal, também há casos bastante positivos, ainda que, aparentemente, minoritários. Isso prova, porém, que não se devem subestimar as dificuldades, e que não basta importar e adaptar (por exemplo, de Porto Alegre) uma boa "metodologia" (critérios, balizamentos técnicos, regras) para que se obtenha um bom resultado. O êxito de uma experiência de orçamento participativo, assim como de qualquer experiência de participação popular no planejamento e na gestão urbanos, irá depender, sempre, de um conjunto variado e complexo de fatores: a coerência político-ideológica da administração, o nível de conscientização e mobilização da sociedade civil, as condições econômicas de base (disponibilidade de recursos para investimentos, para começo de conversa) e por aí vai.

Os orçamentos participativos têm tido uma história própria em relação às tentativas de concretizar a reforma urbana com a ajuda de planos diretores e dos instrumentos vistos no Cap. 9. Quase nunca os estudiosos que dedicaram atenção à reforma urbana e se ocuparam do uso progressista que se pode fazer de instrumentos de planejamento urbano foram os mesmos que, desde o começo dos anos 90, pensaram e pensam os orçamentos participativos. Apenas recentemente se vem notando uma pequena melhoria desse quadro. E mais: a própria integração prática entre orçamento participativo e planejamento urbano progressista ainda é algo largamente a ser conquistado. Talvez uma parte da explicação para esse desencontro resida no fato de que reforma urbana e orçamento participativo vêm sendo pesquisados por grupos profissionais diferentes: no primeiro caso, destacam-se aqueles profissionais mais tradicionalmente ligados ao planejamento urbano, a despeito da forte interdisciplinaridade (em primeiro plano aparecem os arquitetos, e em segundo plano profissionais como geógrafos e sociólogos, sendo que, nos últimos anos, os juristas vêm comparecendo com mais e mais força); no segundo caso, o dos orçamentos participativos, a maioria dos trabalhos tem sido realizada por sociólogos e cientistas políticos, com alguma participação dos economistas interessados em Economia do Setor Público. Uma outra parte da explicação, provavelmente, tem a ver com o fato de que a partir do começo ou meados da década de 90, quando se dá a multiplicação acelerada das experiências de orçamento participativo pelo Brasil afora, as discussões em torno da reforma urbana perdem fôlego. Seja lá como for, duas coisas são certas: 1) reforma urbana e orçamentos participativos são igualmente relevantes; 2) o orçamento participativo complementa os instrumentos de planejamento apresentados no Cap. 9. Os orçamentos participativos são tão compatíveis com o espírito de uma reforma urbana que se poderia, até, perguntar se não faria sentido considerá-los no interior de um conceito ampliado de reforma urbana, ou seja, como parte integrante desta. Na minha opinião, isso faz sentido, sim. Entretanto, não é possível ignorar, de uma hora para outra, o fato de serem ambientes de discussão diferentes e de terem tido histórias bastante próprias. Fica, assim, provisoriamente, guardada a distinção conceitual entre reforma urbana e orçamento participativo.

Abordarei, para finalizar este tratamento dos orçamentos participativos, uma questão que a muitos tem preocupado: a da *legalidade* dessa forma de política pública. Conquanto seja muitíssimo discutível a conveniência de se criarem leis municipais para "regulamentarem" esse tipo de mecanismo de gestão, isso está longe de significar, como já alegaram alguns desavisados (ou mal-intencionados), que o orçamento participativo é "ilegal". Na verdade, a participação popular na elaboração do orçamento acha-se, atualmente, prevista, ainda que de modo muito vago, em duas leis federais importantes: na Lei de Responsabilidade Fiscal (Lei Complementar n.º 101, de 4/5/2000), em seu Art. 48, e no Estatuto da Cidade (Lei n.º 10.257, de 10/7/2001), em seus artigos 4 (alínea f do inciso III) e 44. Vivemos em um país onde, ao mesmo tempo em que freqüentemente as leis são descumpridas (como diz a turma do *Casseta & Planeta*: "no Brasil, a lei existe para ser comprida"), muitos acham que a solução estaria em aumentar mais e mais o número de leis, produzindo-se leis para tudo. Em matéria de orçamentos participativos isso não é só um contra-senso; é uma *imprudência* e uma *violência*. Imprudência porque se esquece que o interesse de vários em regulamentarem os orçamentos participativos por meio de leis tem a ver com um desejo de enfraquecer, e não de fortalecer esse tipo de experiência (por exemplo, no caso de vereadores interessados em preservar, como uma espécie de "reserva de mercado", um percentual dos investimentos para ser loteado da maneira tradicional, na base de acertos entre eles e entre eles e o prefeito, mediante emendas à proposta orçamentária enviada à Câmara). E violência porque uma das características essenciais de um esquema autêntico de participação popular dessa natureza consiste, justamente, na possibilidade de a sociedade civil instituir, ela própria, as regras (ou seja, a "lei" em um sentido amplo), modificando-as anualmente, se necessário, para aprimorá-las; uma lei formal, nesse caso, criaria uma camisa-de-força para o processo.

Seja o leitor apresentado, agora, às "primas" da reforma urbana, as *organizações de economia popular*. Primeira pergunta: o que vem a ser *economia popular*?

Expressões como *economia informal* (ou setor informal) e *terceiro setor* são figurinhas fáceis na mídia, e não só nos textos técnico-científicos de especialistas para especialistas. É fácil, por isso, se não se explicar direitinho, tomar a economia popular por alguma outra coisa, da qual ela pode estar até próxima, mas com a qual ela não deve ser confundida – como a economia informal ou o terceiro setor. A economia informal compreende os indivíduos, firmas e organizações dedicados à produção ou à venda de mercadorias ou à prestação de serviços sem que as atividades estejam constituídas de acordo com as leis em vigor no país: na economia informal não se recolhem impostos, os trabalhadores não são registrados (e, portanto, sua situação trabalhista e previdenciária é precária ou precaríssima) e inexiste uma contabilidade formal das atividades. O setor informal abrange desde o comércio ambulante até atividades fortemente criminosas, como o tráfico de drogas e armas e o contrabando. Embora o setor informal seja, em grande parte, uma válvula de escape para a demanda dos pobres urbanos por postos de trabalho, demanda essa impossível de ser completamente satisfeita pelo setor formal em um país periférico ou semiperiférico, ele abarca, também, atividades que possuem um impacto ambíguo sobre a vida dos pobres urbanos, moradores de espaços segregados (como o comércio de drogas ilícitas), além de se fazerem em associação espúria com parcelas da economia formal e mesmo do aparelho de Estado (financiamento do tráfico de drogas de fora para dentro das favelas, lavagem de dinheiro sujo, corrupção policial etc.). Quanto ao chamado "terceiro setor", trata-se, aí, de uma expressão de inspiração norte-americana, que recobre um conjunto de atividades teoricamente sem fins lucrativos, mas de utilidade pública, desenvolvidas por entidades filantrópicas ou organizações não-governamentais (ONGs).

A economia popular, ou economia popular urbana, corresponde a um recorte conceitual diferente. Ela diz respeito ao conjunto de atividades levadas a cabo pelos pobres urbanos, com ou sem algum tipo de apoio estatal, no contexto de algum tipo de organização estimuladora de solidariedade e, quem sabe, de novas formas de sociabilidade (cooperativas e outras modalidades de associação de trabalhadores). Há, portanto, um ingrediente de *juízo de valor*, além de algumas diferenças factuais, que distinguem a economia popular da economia informal: a economia popular é gerida pelos próprios pobres, embora estes possam (e, em algumas circunstâncias ou em alguns casos, devam) contar com o apoio do Estado e de organizações da sociedade civil para a consecução de seus objetivos (ou seja, não são ou não devem ser apenas a "ponta de varejo" de uma cadeia que, na outra ponta, a do atacado, a da importação e a da exportação, é controlada por "peixes graúdos", como ocorre no tráfico de drogas e em outras fatias da economia informal); além disso, as organizações de economia popular envolvem, ou deveriam envolver, uma certa preocupação explícita com a construção de novas formas de relacionamernto entre as pessoas, para além da questão estrita da sobrevivência. Há, inclusive, por esta última razão, quem prefira a expressão *economia solidária* (a qual tem se tornado comum no Brasil), em vez de, simplesmente, economia popular. Uma vez que esta última expressão possui mais tradição no ambiente intelectual latino-americano como um todo, e levando em conta, também, o desgaste a que o adjetivo "solidário" vem sendo submetido no Brasil (pense-se no malfadado programa governamental "Comunidade Solidária"...), prefiro a expressão "economia popular".

A economia popular seria, aparentemente, algo muito próximo daquilo que Milton Santos, nos anos 70, denominava de "circuito inferior da economia urbana dos países subdesenvolvidos"; há, porém, que se fazer uma ou outra ressalva. O "circuito inferior" descrito por Milton Santos só aparece despido de menções às atividades fortemente criminosas porque, por um lado, isso foi um certo descuido, e, por outro, porque, de fato, elas não tinham, há trinta ou vinte e cinco anos, a importância que têm hoje nas grandes cidades de um país como o Brasil. Além do mais, Milton Santos via o "circuito inferior" como uma válvula de escape (a grande questão, para ele, não é por que as nossas cidades explodem, mas sim, justamente, por que elas *não* explodem, propriamente, embora se deteriorem física e socialmente), sendo, dessa forma, "funcional" ao sistema capitalista, nos marcos de uma aparente contradição: o "circuito inferior" atrita com o "superior" em grande parte, mas, em última análise, serve à reprodução do sistema. O "circuito inferior" não era visto como portador de valores ou criador em potencial de novas formas de sociabilidade; ele seria algo puramente reativo. Sua conceituação se dava, basicamente, em função do que lhe *falta* (acesso a crédito formal, montante significativo de capital de giro, organização burocrática, preços fixos, relações impessoais com a clientela, ajuda governamental importante etc.), e não por conta do que ele poderia trazer de intrinsecamente positivo: um circuito alternativo capaz não apenas de evitar o agravamento do aumento da pobreza absoluta, mas, também, de gestar formas de solidariedade e cooperação entre os explorados e oprimidos. Se se considerar, em acréscimo a isso, que, nos trabalhos de Milton Santos, os "circuitos" inferior e superior da economia urbana apareciam como muito bem demarcados (o que torna difícil a compreensão de algo como o tráfico de drogas dos anos 80 em diante com a ajuda desse aparato conceitual), pode-se admitir que a importância da teoria dos "dois circuitos da economia urbana dos países subdesenvolvidos" é, para os propósitos de entendimento da economia popular, ou mesmo da economia informal *hoje*, de utilidade um pouco limitada.

Já se viu, no Cap. 8, que o fato de a reforma urbana diferir da reforma agrária no que se refere à sua capacidade de gerar renda para os seus beneficiários não quer dizer que nada pode ser feito em matéria de geração de renda no contexto de uma reforma urbana. Essa articulação pode se dar de uma maneira mais simples e emergencial, logo muito limitada, sob a forma de "frentes de trabalho" e de recrutamento organizado de pessoas desempregadas e subempregadas para serem ocupadas, justamente, com coisas como um esforço de urbanização de favelas e de construção de moradias populares em larga escala; ou, de maneira mais duradoura e consistente, sob a forma do estímulo e do apoio do Estado e de organizações da sociedade civil à formação de cooperativas e ao desenvolvimento de atividades de economia popular, a começar pelos espaços segregados onde mora a maior parte da população pobre, nas favelas e nos loteamentos irregulares. É neste segundo caso que a integração entre reforma urbana e economia popular fica mais evidente.

As organizações de economia popular podem e devem, muitas vezes, receber incentivo governamental. Esse incentivo pode vir de várias formas: microcréditos (ou seja, crédito para a compra de pequenos estoques de mercadoria ou matéria-prima, para rearranjo de espaços etc.), cursos de capacitação e treinamento, apoio a "incubadoras de cooperativas", e por aí vai. No entanto, o Estado deve ceder à tentação (algumas vezes bem-intencionada) de se imiscuir demais. Alguns tipos de apoio não deveriam faltar, especialmente quando solicitados, sob a forma de políticas e programas específicos. Entretanto, é a própria sociedade civil que deve lutar para se organizar mais e mais, buscando soluções. O Estado pode, aqui e ali, apoiar, pois ele possui recursos indispensáveis; deve-se, porém, evitar a todo custo uma *tutela*, a qual mata a criatividade e a esperança: o Estado deve evitar paternalizar, e os grupos da sociedade civil devem recusar qualquer tutela e lutar para manter o controle sobre suas atividades e seus destinos.

No fundo, portanto, os protagonistas da reforma urbana, dos orçamentos participativos e da economia popular deveriam ser, na maior parte das vezes e basicamente, os mesmos. Há, certamente, algumas diferenças, talvez mais aparentes que reais. O Estado precisará ter um papel mais ativo na reforma urbana em sentido estrito, uma vez que medidas institucionais e judiciais se fazem necessárias em grande escala, sem esquecer da constante necessidade de alteração e adaptação de legislação e do aporte de recursos em volume muito significativo. (Basta pensar nas necessidades em matéria de moradia popular, diante do gigantesco → *déficit habitacional* atualmente constatado no Brasil; caso contrário, a "habitação popular" só poderia ser aquela da brincadeira de Millôr Fernandes: "uma casa sem portas e em que não se podem colocar janelas por não haver paredes".) Isso não exime a sociedade civil de ter um papel muito ativo, em parceria com o Estado muitas vezes, mas sempre mantendo um distanciamento crítico e lutando para preservar um mínimo de autonomia de organização e de idéias, para planejar uma cidade mais justa. (É certo que a distinção entre Estado e sociedade civil é mais complicada do que pode parecer, pois os atores sociais, e precisamente os mais ativos e dinâmicos, costumam circular entre partidos, cargos em administrações e posições de liderança na sociedade civil. Seja como for, Estado e sociedade civil não se confundem, sendo instâncias diferentes da sociedade. Essa distinção só desaparecerá em uma sociedade *autogerida*, em que não haja mais uma separação estrutural entre dirigentes e dirigidos.) Os orçamentos participativos, na prática, têm sido uma iniciativa do Estado ou, pelo menos, como em Porto Alegre, uma iniciativa dividida (e uma paternidade um pouco disputada) entre Estado e sociedade civil. Quanto mais autenticamente participativa for a experiência de orçamento participativo em questão, maior tenderá a ser ou deverá ser o peso da sociedade civil no processo. Quanto à economia popular, o papel do Estado pode ser, nesse caso, em princípio, apenas o de um apoiador financeiro e técnico-gerencial (cursos de capacitação, esquemas de treinamento), se bem que a expansão consistente e em larga escala da economia popular precisará de planos de médio e longo prazo, a serem elaborados como iniciativa e responsabilidade conjuntas da sociedade civil e do Estado, pragmaticamente.

Ainda em matéria de diferenças, acrescente-se que a economia popular interessa, basicamente, aos pobres, *pelo menos em termos imediatos*. De sua parte, os orçamentos participativos, tendo um caráter mais geral – a democratização das decisões em torno do orçamento municipal –, deveriam interessar, um pouco mais diretamente, à própria classe média. Quanto à reforma urbana, em certo sentido ela possui um alcance geral imediato, ao lidar com o planejamento alternativo da cidade como um todo, embora suas prioridades estejam voltadas, acima de tudo, para a melhoria da qualidade de vida dos pobres urbanos. Na prática, contudo, o quadro é um pouco mais complicado. A classe média, freqüentemente, enxerga os orçamentos participativos, por exemplo, como "coisa de pobre", em parte por já ter as suas necessidades materiais básicas satisfeitas, e em parte, talvez, por depositar excessiva confiança na capacidade de os seus "representantes" usuais no Executivo e no Legislativo municipais (prefeito e vereadores) cuidarem adequadamente dos seus interesses. Por seu turno, ao poder contribuir, graças à geração de renda, para reduzir os níveis de tensão e violência urbana, a economia popular é algo cujo florescimento, em termos mediatos, interessa, e muito, também aos segmentos médios. É necessário, portanto, encontrar formas eficientes de se envolver também as camadas médias no esforço de se fazer das nossas cidades locais mais agradáveis e socialmente mais justos. Moral da história: os protagonistas da reforma urbana, dos orçamentos participativos e da economia popular, mesmo tendo pesos um pouco diferentes conforme o caso, são, ou devem ser, essencialmente os mesmos.

Pergunte-se, agora, para concluir este capítulo: o que pode a economia popular? Ela não "resolve tudo", mas é ou deve ser encarada como sendo, potencialmente, bem mais do que um simples paliativo, um simples remendo. A meta não é remendar o sistema, contribuindo para a sua sobrevivência; a meta é, ou deveria ser (de fato, a interpretação do alcance dos orçamentos participativos e da economia popular carrega suas controvérsias, a esse respeito), construir alternativas ao próprio sistema, ainda que se comece limitadamente e a partir do seu interior, sem desprezar a margem de manobra legal e institucional existente para certos avanços. Assim como a reforma urbana e o orçamento participativo, a economia popular opera dentro dos marcos da sociedade existente: portanto, ela não elimina o capitalismo, nem o põe fora de combate. Contudo, ela tampouco o confirma ou legitima. Ela prospera nas margens, lá, onde o sistema revela mais agudamente o seu fracasso – ou, em última análise, o preço do seu "sucesso", que é sempre o sucesso de uma minoria. Mas, assim como a reforma urbana e o orçamento participativo, a economia popular pode contribuir, hoje, um pouco modestamente, para construir um amanhã mais ambicioso; é a sua dimensão *político-pedagógica*. Foi a isso que eu desejei fazer referência ao enfatizar o desenvolvimento de teias de solidariedade e de novas formas de cooperação e sociabilidade. Assim como no caso da reforma urbana e do orçamento participativo, espaços autônomos para a sociedade civil precisam ser garantidos; o importante é que se admita que, em todos os três casos, o Estado não deve, em última análise, ser o centro das atenções: o centro das atenções é o que se passa na sociedade e o que ela pode fazer para se tornar (*se fazer*) mais livre, mais autônoma. Ainda que a participação do Estado (com suas leis, seus recursos etc.) não deva ser descartada *a priori* como desnecessária ou sempre nociva, o aparelho de Estado, em si, no geral e em última instância, é o símbolo e a ossatura institucional de uma separação entre dirigentes e dirigidos. A democracia representativa oferece uma certa margem de manobra no que se refere ao esforço da maioria da população em se reapropriar dos recursos arrecadados pelo Estado e dos canais e instâncias de poder estatais, mas também carrega seus limites, incluindo o limite essencial de, com base nela, não se poder ultrapassar os fundamentos econômicos e políticos últimos do modelo social capitalista. É possível e necessário, contudo, saber explorar, a cada momento, a real margem de manobra associada à ação do Estado, em cada escala (local, estadual, nacional), seja diretamente (parcerias, "co-gestão" Estado/sociedade civil), seja indiretamente (marcos legais e suportes institucionais), para se conquistarem certos avanços. Que isso não leve jamais a esquecer ou subestimar, porém, os riscos e as limitações inerentes a essa jornada, tão cheia de obstáculos e imprevistos.

Entre os obstáculos se encontra, aliás, precisamente o estímulo de governos e agências internacionais, a partir da década de 90 e sob a influência da agenda neoliberal, à atuação de ONGs (que muitas vezes assumem tarefas antes desempenhadas pelo Estado, o qual se retira parcialmente de setores socialmente relevantes), à utilização "domesticada" de instrumentos como microcréditos (com o objetivo de enfraquecer tensões sociais, muito mais que de emancipar os pobres) e a certas formas limitadas de "participação popular" (que acabam servindo, acima de tudo, para cooptar a sociedade civil e desmobilizar os movimentos sociais). É claro, portanto, que, se não se quiser que a economia popular (e os orçamentos participativos) desempenhe o papel de um mero "*band-aid*", não se pode perder de vista nada disso.

Conclusão: das tribos à "globalização" – a aventura humana e o papel das cidades

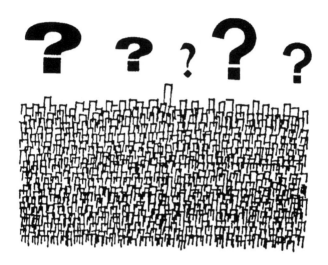

Há milhares de anos coletividades humanas aprenderam a viver em espaços relativamente pequenos e em condições de grande densidade demográfica, nos quais se foram concentrando as atividades econômicas não ligadas diretamente ao setor primário da economia, assim como foram se concentrando, também, a produção intelectual e o poder político: as cidades. Em comparação com essa história multimilenar, porém, é fato relativamente recente que regiões e países e, cada vez mais, continentes inteiros e mesmo o planeta inteiro, se apresentem mais e mais urbanizados, abrigando um percentual majoritário de população vivendo em espaços tidos como urbanos, ao mesmo tempo em que a população rural diminui em termos relativos – e, em não poucos países, encolheu e vem encolhendo até mesmo em números absolutos. Alguns autores até já arriscaram profecias e vaticínios sobre quando o globo inteiro estaria, por assim dizer, "totalmente urbanizado", como se um único espaço urbano (não inteiramente contínuo, é lógico, devido às florestas remanescentes e aos espaços de produção agropecuária altamente moderna que sobrariam, embora bastante despovoados) cobrisse toda ou quase toda a superfície habitada do planeta, uma malha incrivelmente densa de cidades de tamanhos diferentes e articuladas por moderníssimas tecnologias de transportes e comunicações... Não me interessa, aqui, e mesmo por princípio, esse tipo de exercício de futurologia, que beira a ficção científica. Para começo de conversa, a pobreza e a marginalização quase que de países e continentes inteiros (pense-se na maior parte da África ao sul do Saara, por exemplo) permanecerá sabotando esse tipo de utopia a respeito da urbanização da Terra como um processo em que todos seriam gradativamente integrados em uma "rede urbana global", desfrutando dos benefícios de uma vida moderna proporcionados pela tecnologia...

O que importa é ressaltar que, de fato, a urbanização avança aceleradamente, mesmo em países bastante pobres (nos quais, justamente, um crescimento excessivamente rápido das cidades agrava problemas estruturais de ordem econômico-social). A vida em espaços urbanos já é, hoje, um fato para a maioria dos seres humanos. Quer se queira ou não, quer se aprecie a vida nas cidades ou não, teremos de aprender a viver da melhor maneira possível nesses espaços, cuja predominância muito provavelmente é irreversível. O que interessa, então, é saber como tirar o máximo proveito possível da vida nas cidades, evitando ou minimizando os problemas como a pobreza, a segregação, a criminalidade, a poluição do ar, visual, hídrica e sonora, a sensação de apinhamento e a desumanização ou o abandono dos espaços públicos...

As cidades têm sido, ao longo da história da humanidade, locais onde o tesouro da criação intelectual (artística, científica e tecnológica) das várias sociedades e culturas tem tendido a se concentrar cada vez mais. Pela riqueza de estímulos intelectuais e de meios de expressão política e cultural e de satisfação de necessidades que as cidades oferecem, estas representam, em um certo sentido, a grande criação coletiva da espécie humana. O espaço urbano é um ambiente que os homens e mulheres criaram para si próprios, afastando-se, muito mais que no contexto da vida no campo, do contato direto com a natureza. Nesse ambiente fortemente artificial, no sentido de construído pela sociedade a partir da transformação da natureza, concentram-se e interagem entre si, animados pelo trabalho humano, os meios – equipamentos, máquinas, construções... – que são como que extensões do nosso próprio corpo, as quais potencializam as nossas forças e capacidades: a capacidade de locomoção (automóveis, trens...), a capacidade de saber proteger-se do frio e das intempéries (se a roupa é como uma "segunda pele", a moradia é o nosso misto de abrigo e refúgio), a capacidade de mudar a superfície da terra (promovendo aterros, expandindo o tecido urbano, abrindo túneis, demolindo morros inteiros...) e de transformar matérias-primas em bens cada vez mais sofisticados.

Mas, infelizmente, as cidades não são e nunca foram *apenas* a humanidade "em sua melhor forma". As sociedades humanas possuem contradições e conflitos, especialmente aquelas sociedades – a esmagadora maioria delas, no decorrer da história – onde a opressão e a exploração de uns sobre outros era ou é um fato constitutivo essencial da vida social. É também nas cidades onde se concentram tais contradições e conflitos. Diante da magnitude de certos problemas, somos tentados, inclusive, a pensar que a capacidade humana de resolver problemas foi igualmente acompanhada pela tendência de permanência e até de agravamento de certos tipos de problemas, ou pela capacidade que os seres humanos têm de criarem novos embaraços e dificuldades para si próprios.

A pesquisa científica sobre a dinâmica sócio-espacial nas cidades e sobre as causas dos problemas urbanos avançou muito ao longo do século XX, mas muitos temas permanecem controvertidos. A produção intelectual a propósito das possíveis soluções (literatura sobre planejamento e gestão urbanos, sobre políticas públicas e sobre a mudança social em geral, incluindo aquela sobre movimentos sociais) também se avolumou enormemente, sobretudo na segunda metade do século. Apesar disso, polêmicas sobre a efetividade, o alcance e mesmo a desejabilidade de certos instrumentos e estratégias continuam a existir. Parafraseando o humorista Millôr Fernandes, "os maiores desentendimentos se dão entre os entendidos"...

Nas ciências sociais, as controvérsias não são apenas empíricas (no estilo: será a realidade assim ou assado?) ou teóricas (do tipo: qual será a melhor e mais completa explicação geral para essa ou aquela classe de fenômenos?), mas, muito freqüentemente, relativas ao pano de fundo político-filosófico e ético dos analistas. Isso faz com que, muitas vezes, teorias e análises muito antigas, que se julgava estarem superadas, possam retornar à vida, como que saindo de um período de hibernação, devido à sua revalorização (ainda que reciclada e atualizada), pelo fato de que, na escala da sociedade como um todo, isto é, fora dos muros da universidade, a conjuntura ideológica ou mesmo política mudou, assim como mudou a predisposição coletiva, em função dos fracassos ou acertos de políticas públicas associadas a determinadas abordagens, para se ser mais simpático a essa ou àquela interpretação. Nas ciências naturais é diferente: se, nelas, um puro e simples "retorno", por exemplo, à Física newtoniana, é impensável após a revolução relativista do começo do século XX (uma superação da Física atual, aliás envolta em controvérsias de base, não se dará como uma volta ao passado), uma revalorização, ainda que modificada, da Economia keynesiana e de seus princípios de um Estado regulador atuante, após duas décadas de hegemonia do pensamento neoclássico, reciclado como "neoliberal", é perfeitamente cogitável (aliás, a volta do pensamento teórico e prático neoclássico/neoliberal a uma posição hegemônica, nos anos 80 e 90, se deu como recuperação dos princípios lançados entre os fins do século XIX e o começo do século XX, os quais haviam sido postos em xeque e acuados pelo pensamento keynesiano hegemônico durante décadas, entre os anos 40 e 70). Seria possível ser muito diferente? Provavelmente não, uma vez que, nas ciências sociais, o objeto são os próprios homens e mulheres, organizados coletivamente, com seus valores, seus medos e suas necessidades mutáveis e variáveis, assim como com os seus conflitos... Diversamente, nas ciências naturais lida-se com uma natureza "exterior" ao homem enquanto ser social (ainda que da transformação da natureza dependa a sociedade para existir e para "fazer-se", e ainda que, nesse processo, valores sociais sejam projetados sobre o mundo natural).

Portanto, enquanto algumas das controvérsias são mais específicas, outras são muitíssimo gerais, de cunho filosófico ou ideológico, mas que influenciam muito de perto as pesquisas empíricas e as formulações teóricas, seja enquanto pesquisa básica, seja enquanto pesquisa aplicada. Sem ter a menor pretensão de oferecer uma lista exaustiva, algumas controvérsias bem atuais são as seguintes:

• *Densidade urbana*: qual será a densidade urbana ideal? Ainda hoje se arrasta uma velha controvérsia que opõe, de um lado, os que defendem baixas densidades de ocupação, e de outro, aqueles que advogam altas densidades. Os que são favoráveis a baixas densidades argumentam que somente elas são capazes de proporcionar uma qualidade de vida realmente boa, uma vez que as pessoas não foram feitas para viverem "empilhadas" umas sobre as outras em prédios de apartamentos; além disso, chamam a atenção para os inconvenientes da densificação excessiva, como a saturação da infra-estrutura técnica e social, os congestionamentos etc.. As populações da Europa e dos EUA, em geral, são fãs das baixas densidades: seu ideal de vida não passa, via de regra, por um apartamento, mas por uma espaçosa residência unifamiliar, com jardim e o mais longe possível da poluição e do burburinho do CBD. De sua parte, os que defendem as altas densidades trazem o seguinte argumento principal: quanto mais espraiada, mais cara será a cidade para a própria coletividade, uma vez que isso exigirá percursos mais longos (com decorrente gasto de energia) e exigirá, também, que o Poder Público gaste mais com as redes de infra-estrutura. Por isso, advogam o que chamam de "cidade compacta", mais eficiente e mais "ecológica" (porque menos desperdiçadora de recursos) que a "cidade espraiada". Parece, assim, que maximizar uma boa qualidade de vida depreende, em matéria de opção por tal ou qual densidade, equilibrar interesses individuais e coletivos, dado que a maximização dos interesses individuais (residências unifamiliares espaçosas) não necessariamente redundará em uma maximização dos interesses coletivos. Isso é correto, mas é uma visão muito simples. Em primeiro lugar, porque, em uma cidade capitalista, marcada por desigualdades estruturais (que se refletem na segregação residencial), não seriam, de qualquer maneira, todos os indivíduos ou todas as famílias que poderiam escolher morar em residências unifamiliares espaçosas, mesmo que desejassem (coisa que, aliás, nem todos desejam, por diversas razões). Além disso, não se pode perder de vista que a densidade não é uma simples questão de "escolha dos consumidores (moradores)"; interesses poderosíssimos, como os ligados ao capital imobiliário, influenciam ou pressionam o aparelho de Estado com o objetivo de obterem a aprovação e a implementação de planos e programas que lhes sejam úteis (por exemplo, nas cidades brasileiras, não restringindo a densificação). A densidade torna-se, assim, pivô de disputas de poder entre grupos diferentes de agentes modeladores do espaço urbano, onde não a "maximização da qualidade de vida" mas o lucro será, para alguns, o motor de sua atuação. A densidade ideal não será, ademais disso, nunca uma constante universal, posto que ela é dependente da matriz cultural (culturas diferentes podem apreciar densidades e estilos de vida diferentes) e do momento histórico (no interior de uma mesma matriz cultural as preferências podem se modificar ao longo do tempo, às vezes muito significativamente: pense-se, por exemplo, no estímulo que o crescente sentimento de falta de segurança pública vem dando à verticalização em cada vez mais cidades brasileiras, em detrimento da opção maciça por residências unifamiliares).

• *"Fragmentação do tecido sociopolítico-espacial da cidade": como pode evoluir? O que pode ser feito para evitar, estancar ou reverter o processo?* A fragmentação do tecido sociopolítico-espacial, descrita no Cap. 5, avança a passos largos para se tornar a feição mais dramática da vida nas grandes cidades brasileiras, uma espécie de síntese e produto da sinergia de diversos problemas que vêm se acumulando e agravando nas últimas décadas. Traços dessa fragmentação, que, como foi dito no Cap. 5, atualiza mas vai além da segregação residencial, se disseminam ao longo da rede urbana brasileira, embora as únicas expressões "plenas" do fenômeno pareçam ser as metrópoles do Rio de Janeiro e de São Paulo. Prever a evolução do fenômeno pode ser um exercício estéril de futurologia, na base de projeções simplistas, se se imaginar que existe algo como uma inevitabilidade ou uma trajetória predeterminada que "todas" as cidades teriam de percorrer; mas pode, por outro lado, ser uma oportunidade para interessantes simulações, tendo por base uma abordagem flexível mediante a construção de alguns cenários prováveis, simulações essas que podem ajudar a emitir alertas e balizamentos consistentes para os agentes sociais em diversas escalas. São ainda escassos os esforços de compreensão mais global do fenômeno, e há diversas controvérsias em torno do que fazer a respeito de cada aspecto em particular, do tráfico de drogas de varejo à auto-segregação, passando pelo tratamento a ser dado aos espaços públicos onde as pessoas se acham mais expostas ao risco de sofrerem algum tipo de violência. De minha parte, estou convencido de que, sem uma conjugação de planejamento urbano alternativo, programas consistentes de geração de emprego e renda, ações criativas na área da cultura e políticas alternativas de segurança pública – o que depreende medidas a serem tomadas em várias escalas, da local à nacional –, não se conseguirá, sequer, evitar o agravamento do fenômeno, o que dirá revertê-lo.

• *Como a "globalização" (o próprio termo é controvertido!) condiciona a dinâmica social no meio urbano e a margem de manobra para a solução de problemas?* Para alguns autores, a "globalização", que ter-se-ia tornado evidente dos anos 70 para cá, representaria uma fase inteiramente nova na história da humanidade; para outros, diversamente, ela nada mais é que uma simples "nova etapa" do processo multissecular de expansão e internacionalização do capital; para outros, ainda (entre os quais me incluo), ela, ao mesmo tempo em que não representa algo "inteiramente novo", introduz vários ingredientes novos, não sendo, assim, uma "mera" extensão do processo de internacionalização do capital. Para alguns observadores a globalização é, essencialmente, boa, por oferecer grandes oportunidades; para outros, ao contrário, ela é, isso sim, essencialmente perversa, por só oferecer boas oportunidades para o grande capital transnacional; para outros, ainda (entre os quais me incluo), ela é um fato, provavelmente irreversível, mas que, além disso, não possui apenas um lado ruim (embora, na atual conjuntura, ele predomine), que é o de ser comandado pelo grande capital e servir aos seus interesses, mas também possui aspectos interessantes e socialmente positivos, como o da potencial facilidade extraordinária de comunicação e transporte – potencial, deve-se sublinhar, porque nem todos possuem os meios econômicos para estar plugado na internet ou desfrutar de viagens internacionais. Na verdade, no contexto da globalização econômico-financeira atual, os benefícios eventuais para a parcela majoritária da população que não está diretamente vinculada aos interesses do grande capital (industrial e, sobretudo, financeiro) não parecem ser, em sua maioria, mais que efeitos marginais de inovações ou processos concretizados com a finalidade de atender às necessidades dos *global players* por excelência, ou "atores globais", que são as grandes empresas multinacionais e o grande capital financeiro. Esses "atores globais" atacam o Estado-nação – não, certamente, naquilo que ele tem de antipopular ou autoritário, mas, justamente, naquilo que ele ainda guarda de socialmente útil, por ser uma instância de poder eventualmente passível de ser mobilizada em prol de certos avanços, mediante investimentos socialmente úteis e regulação de interesse do ponto de vista da promoção de justiça social e da proteção ambiental. Para os "atores globais", as regulações impostas pelos Estados nacionais são restrições indesejáveis, que dificultam a mobilidade do capital e a facilidade das transações econômico-financeiras, devendo, portanto, ser abolidas. (Não se chega, ao contrário do que alguns dão a entender, ao ponto de se defender a pura e simples extinção do Estado-nação, na medida em que este continua tendo alguma serventia para o grande capital transnacional: por exemplo, ao oferecer garantias contra a quebra de contratos, ou a ajudar a criar, com seu aparato policial e militar, um mínimo de segurança para os negócios.) Para muitos autores, que endossam acriticamente o discurso desregulacionista e privatista "neoliberal", as duas escalas que contariam hoje em dia seriam, além da global, a local, cabendo aos gestores, na escala local, cuidar para estabelecer as condições econômicas (de isenções tributárias a oferecimento de várias outras vantagens), viabilizadas por meio de acordos políticas (amplos "consensos" entre os mais diferentes grupos e classes), que permitam a construção de um "clima de negócios" favorável, tornando a cidade mais e mais competitiva aos olhos de potenciais investidores nacionais e internacionais. No fundo, o encolhimento da margem de manobra para a ação estatal regulatória parece ser indubitável, na atual conjuntura. Entretanto, ela não desapareceu, nem é o seu encolhimento ainda maior algo simplesmente inevitável. O que ocorre é que muitos se rendem, alegremente, diante do enfraquecimento do "Estado de bem-estar" (ou de seus arremedos terceiro-mundistas), com isso fazendo o jogo dos interesses dominantes por trás da "globalização". Agir assim, tratando a cidade como se ela fosse uma empresa, isto é, subordinando tudo ao objetivo último de fazer a cidade ficar mais competitiva perante as suas rivais na atração de investimentos, significa criar as condições para o agravamento crescente de problemas sociais e socioambientais.

• A *participação popular no planejamento e na gestão das cidades* continua alimentando acaloradas discussões. Há os que argumentam que essa participação é desejável e totalmente legítima, por se tratar de um direito (especialmente considerando os limites e as deficiências da democracia representativa) e, mesmo, por razões de eficiência (argumenta-se que, sobre a base da participação popular, as decisões sobre a alocação de recursos ou sobre intervenções no espaço estarão sendo mais bem informadas, à luz das necessidades reais da população, reduzindo-se, assim, o desperdício; argumenta-se, também, que, uma vez que se sintam participantes de processos decisórios, as pessoas tenderão, também, a se sentir mais responsáveis perante os bens públicos e os destinos da cidade). Esse tipo de argumentação, aliás, também valoriza o fato de que a participação não só pode pressupor uma certa consciência política prévia, mas, também, pode, em um efeito de retroalimentação positiva, estimular o amadurecimento político posterior da coletividade, assim funcionando como uma "escola de cidadania" importante do ponto de vista da construção de uma sociedade mais justa. Contrariamente a tudo isso, há os que, por razões tanto técnicas quanto ideológicas, argumentam que a participação popular pode acarretar ineficiência alocativa, além de ser de legitimidade questionável: para esses observadores, os representantes eleitos (prefeito e vereadores) e o corpo técnico da Prefeitura teriam legitimidade suficiente e a competência técnica e administrativa necessária para tomar as decisões sobre os assuntos de interesse coletivo, uma vez que, ao contrário da população comum, disporiam de informações sobre um quadro geral (e, no caso dos técnicos, de uma formação especializada). Ao lado e como desdobramento de detalhe dessa polêmica, há controvérsias, também, sobre a natureza e o alcance da participação popular desejável (no caso de se concordar, em algum nível, com ela): por exemplo, deveria ela ser apenas *consultiva* (isto é, com as pessoas apenas sendo consultadas pelos governantes) ou deveria ser ela realmente *deliberativa* (ou seja, o Estado delegaria poder decisório à própria sociedade civil)? Embora sucessos e fracassos concretos e estudos empíricos possam e devam continuar alimentando esse debate, tornando-o cada vez mais fundamentado, seria ilusão imaginar que ele irá, em algum momento, simplesmente desaparecer ou "morrer de velho", o que só seria cogitável caso as contradições e os conflitos sociais que o fazem existir fossem superados.

• *Como combinar o conhecimento técnico, ou técnico-científico, com o "saber local"?* Em uma de suas deliciosas tiradas, Millôr Fernandes observou, certa vez, que "ainda está para nascer o erudito que se contenha em saber só o que sabe". O conhecimento técnico, ou técnico-científico, é, sem dúvida, relevante, não raro muitíssimo importante; o problema começa quando o "especialista" se mete a querer *desejar* pelos outros, *sentir* pelos outros... e a imaginar que sabe tudo. É como se as pessoas fossem tratadas como crianças, com o técnico dizendo sempre "eu sei o que é melhor para vocês; não sejam travessas, ou o Estado vai dar palmadas!". Para conjugar com bons resultados o "saber local", a experiência daqueles que vivem e trabalham nos lugares, com a experiência e os conhecimentos dos estudiosos e planejadores, várias coisas são necessárias, a começar pela "humildificação" destes últimos. No entanto, em uma sociedade onde a tutela, menos ou mais autoritária, menos ou mais benevolente, menos ou mais esclarecida da minoria de dirigentes sobre a maioria de dirigidos é a regra geral, a arrogância dos estudiosos e planejadores não é fortuita nem gratuita: ela faz parte de um contexto muito mais amplo que a gera (desde a formação na universidade, e mesmo antes) e a reproduz. É preciso planejar os próprios planejadores de um modo diferente; por exemplo, reeducando-os e disseminando novos conteúdos e novas abordagens. E é imprescindível que informações se disseminem entre a população, quebrando o monopólio que tantos peritos pretendem ter para serem os únicos a poderem compreender (ou achar que compreendem...) o que se passa nas cidades e o que deve ser feito em matéria de planejamento e gestão. Mas tudo isso cairá no vazio se as condições de exercício do poder, em uma cidade, e na sociedade em geral, não se modificarem. Conjunturalmente, avanços são possíveis mesmo sob o capitalismo, e mesmo em um país semiperiférico. Avanços realmente muito profundos, porém, exigem uma mudança nas estruturas da sociedade. Moral da história: é preciso tomar certas medidas aqui e agora, no estilo "consertar o carro com ele em movimento", mas sabendo dos limites disso – e dos limites do próprio carro.

- *"Mais Estado" ou "menos Estado"? E qual o conteúdo desejável das intervenções e da regulação estatais?* Divergências a esse respeito estão por trás das diferenças entre vertentes de planejamento e gestão urbanos que, atualmente, disputam a preferência dos estudiosos e da sociedade em geral: *planejamento e gestão liberalizantes* (também chamados, segundo os seus críticos, de *empresarialistas*, que preconizam que o Estado facilite ao máximo a atuação do capital privado, dessa forma servindo ao bem comum); *desenvolvimento urbano sustentável*, que entende que um mínimo de regulação estatal é imprescindível à tarefa de preservação ambiental; *estilos de planejamento urbano críticos* (no Brasil, vinculados ao ideário da *reforma urbana*), que defendem a regulação e as intervenções estatais nos marcos de uma preocupação com a contenção da especulação imobiliária e com a redução das injustiças sociais, ao mesmo tempo em que enfatizam, menos ou mais radicalmente, a importância da participação popular no planejamento e na gestão das cidades. O desdobramento dessas divergências são controvérsias mais específicas, tanto técnicas quanto (embora nem sempre isso fique explicitado) políticas, a propósito de determinados instrumentos de planejamento e mecanismos de gestão.

• O assunto da *sustentabilidade*, apesar de, aparentemente, contar com uma enorme margem de consenso, suscita controvérsias – e um sintoma disso é o fato de que há dúzias e dúzias de definições e conceituações sobre o que seja "desenvolvimento sustentável", em geral, e, por tabela, sobre o que seja um "desenvolvimento urbano sustentável" e uma "cidade sustentável". Há muitos autores (na verdade, a maioria) que dão uma importância central à sustentabilidade no sentido ecológico, ou seja, sustentabilidade enquanto preservação da base de recursos e minimização da degradação ambiental; esses autores costumam banalizar a análise dos problemas propriamente sociais e de suas causas (que são, também, em larga medida, as causas mais profundas da problemática ambiental), preferindo ater-se a um discurso vago ("pobres"/"ricos", "Sul"/"Norte"...) e, às vezes, de forte apelo moral (clamor por uma mudança das consciências e de mentalidades), em vez de considerar contradições sociais estruturais e conflitos profundos objetivos, tanto internamente a cada país, quanto na escala das relações internacionais. Para além de querelas conceituais e teóricas, há, aqui, a presença de divergências de base, usualmente não explicitadas e sobre as quais, muitas vezes, nem se tem muita consciência: *o que se deseja "sustentar" – o atual modelo de sociedade, capitalista?* Em caso afirmativo: *é ele "sustentável"*, *no longo prazo, em termos econômicos (e ecológicos) assim como políticos?* Em caso negativo: *quais seriam as alternativas, e qual a sua viabilidade?* É comum a retórica em torno das "cidades sustentáveis" e da "sustentabilidade urbana" colocar no centro das atenções os vínculos entre sociedade e natureza, secundarizando ou banalizando a análise das relações sociais e, com isso, subestimando o fato de que, para além de questões como a crescente poluição ambiental nas cidades, a formação de ilhas de calor e os problemas quanto ao destino do lixo urbano, ou como a contribuição das cidades para o aquecimento global, as cidades se tornam, também ou, acima de tudo, em um sentido estritamente *social*, cada vez mais insustentáveis (crescentes disparidades socioeconômicas no espaço, violência urbana etc.)...

• Qual é o significado e quais são as conseqüências da *competição interurbana*? Apesar de a mídia e os "especialistas" martelarem, a todo momento, a tecla da globalização, com alguns tendo chegado a afirmar que ela decretou o "fim do espaço" ou dos "territórios", o fato é que, como alguns outros, mais argutos, vêm chamando a atenção, a globalização relativiza a importância das distâncias físicas, mas não, propriamente, a das vantagens locacionais. As vantagens locacionais mais importantes de hoje não são mais, em grande parte, as de décadas atrás; mas, nem por isso os atributos do espaço ou do que ele "contém" deixam de ser importantes. Pelo contrário: com o capital dotado de muito maior mobilidade, diversos agentes econômicos e políticos territorialmente referenciados (em um município, em um estado ou província, em um país), como prefeitos, no caso da escala local, passam a liderar uma competição para atrair grandes investidores. Estes se apresentam com a promessa de trazer "desenvolvimento" e de gerar empregos, razões pelas quais, e buscando prestígio e ganhos político-eleitorais, administradores públicos rivalizam entre si para ver quem oferece mais em matéria de renúncia fiscal (isenção de IPTU por muitos anos, por exemplo), de fornecimento de infra-estrutura, e por aí vai. Para as grandes empresas, nacionais e, sobretudo, multinacionais, com um enorme poder de barganha e uma enorme flexibilidade locacional, a situação não poderia ser mais cômoda; é como um leilão, em que elas sabem que não irão perder. E o contribuinte, e o munícipe? A relação custo/benefício entre as concessões a serem feitas e os ganhos esperados é objeto de polêmica, mas, ao que indicam muitas evidências, os ganhos são menos importantes do que se poderia supor, e os prejuízos, no agregado e no longo prazo, são consideráveis.

E chego, com isso, ao final do livro. Não pretendo ter focalizado todas as questões importantes referentes aos problemas urbanos e às maneiras de superá-los; desejo, tão-somente, ser sido feliz no tratamento das questões que selecionei. Espero, apesar disso, que as páginas precedentes tenham sido uma introdução segura e clara ao assunto, além de, tanto quanto possível, agradável de se ler. E, se o leitor chegou até aqui, é porque, provavelmente, consegui alcançar meu objetivo.

Termos técnicos explicados

Atividades primárias, secundárias e terciárias: essa é uma forma muito conhecida de se dividir a economia em setores; provavelmente o leitor se lembrará de que, no ensino médio, já viu isso alguma vez, normalmente durante alguma aula de Geografia. Vale a pena, porém, relembrar: as atividades primárias compreendem o *extrativismo vegetal* (coleta silvestre), o *extrativismo animal* (caça e pesca), o *extrativismo mineral*, a *agricultura* e a *pecuária*. Além disso, compreende, também, coisas menos usuais como a *criação de ostras, crustáceos e peixes*. As atividades secundárias são simbolizadas pela *indústria de transformação*, em que são produzidos bens econômicos a partir da transformação, pelo trabalho, e utilizando-se máquinas e ferramentas, de matérias-primas oriundas de atividades extrativas, agrícolas ou de criação animal (a chamada *indústria da construção civil* também faz parte do setor secundário). Por fim, as atividades terciárias englobam o *comércio* e os *serviços*. Embora não seja tão comum, usa-se, também, o termo setor *quaternário* para referir-se, especificamente, aos serviços mais sofisticados, "de ponta", como consultorias econômicas internacionais e pesquisa científica e tecnológica.

Cidades globais: a expressão "cidades globais" (*global cities*) popularizou-se, sobretudo, após a publicação do livro *The Global City*, de Saskia Sassen, em 1991 (o livro *As cidades na economia mundial*, da mesma autora, e que retoma as análises da obra anterior, apareceu alguns anos mais tarde, e, tendo sido traduzido para o português, se acha citado na **Bibliografia comentada**). Uma cidade global é um centro de gestão do território em escala planetária, vale dizer, um ponto de comando na economia internacional; concentra sedes de empresas multinacionais e de bancos em um volume desproporcionalmente grande, concentrando, por tabela, serviços de ponta, o mercado financeiro e a produção de inovações tecnológicas. Poucas são as cidades globais "plenas" ou indiscutíveis; as três mais citadas são Nova Iorque, Londres e Tóquio. Centros de alcance igualmente internacional, mas menos importantes ou completos, são, apenas para exemplificar, Frankfurt e Paris, mas também Hong Kong e São Paulo. Pode-se dizer que há, hoje em dia, um razoável número de cidades globais no mundo, que são todas aquelas que exercem um papel de destaque na economia mundial, embora, às vezes com uma abrangência meramente continental (como São Paulo ou Cidade do México); e, no entanto, cidades globais em sentido forte ("cidades globais plenas"), que são os verdadeiros centros nevrálgicos da economia globalizada, são pouquíssimas, e seguramente não incluem nenhuma cidade de país semiperiférico ou periférico.

Constructo: os constructos são abstrações que sintetizam um número muito grande de aspectos particulares, os quais são acessíveis à observação e, às vezes, à mensuração usando-se uma escala mais poderosa que simplesmente a ordinal (ver o verbete *escalas de mensuração*, mais adiante neste glossário). Ilustrando: "qualidade de vida" é um constructo bastante abstrato e complexo, cuja interpretação, ademais, passa pelo crivo subjetivo individual, apesar de certos padrões culturais gerais de referência; entre seus numerosos componentes estão o nível de poluição ambiental, o grau de liberdade política e o conforto material. Um cientista social (sociólogo, cientista político, geógrafo social, economista, historiador ou antropólogo) lida, a todo momento, com constructos, não podendo deles prescindir: "carisma", "poder" e *"status"* são alguns exemplos.

Conurbação: termo criado pelo escocês Patrick Geddes (1854-1932), significa o resultado do "encontro" de dois ou mais tecidos urbanos em expansão. Nesse caso, mesmo que os limites formais entre dois municípios permaneçam, não há mais descontinuidade de tecido urbano edificado entre eles, pois os seus núcleos urbanos principais cresceram até se tocarem e formarem uma verdadeira coalescência, uma mancha única de espaço construído.

Déficit habitacional: o déficit habitacional consiste na quantidade de moradias condizentes com a dignidade humana (ou seja: área compatível, materiais de qualidade pelo menos razoável, localização em área saneada e dotada de infra-estrutura e boa acessibilidade) que se fazem necessárias para substituir as habitações inadequadas em que vive a maior parte dos pobres urbanos. Por habitação inadequada podem-se entender tanto as moradias precárias e, não raro, insalubres de favelas e loteamentos irregulares, como, também, moradias muito antigas, decrépitas, ainda que situadas em bairros comuns ou mesmo próximas à área central da cidade. Deve-se considerar, por fim, a massa dos sem-teto que vivem em condições de extrema precariedade e improvisação, muitas vezes ao relento; nesse último caso, contudo, não se faz necessária apenas uma reforma estrutural como a reforma urbana (e outras), mas sim, são imperativos programas emergenciais para combater a indigência, que é o estrato mais baixo da pobreza absoluta.

Democracia direta/democracia representativa: a democracia é um *regime político em que um número muito alto de membros da coletividade (cidadãos) participa do processo de tomada de decisões de interesse coletivo*. Na democracia *direta*, muito bem exemplificada pela *pólis* grega clássica, especialmente por Atenas, os indivíduos participavam diretamente dos processos decisórios, reunidos em assembléia na praça do mercado (*ágora*); havia, sim, funções específicas, administrativas ou de outra natureza, desempenhadas por indivíduos eleitos (caso dos comandantes militares), mas a maior parte dos cargos era sorteada entre os cidadãos, de modo a evitar cristalizações de poder e a perpetuação de indivíduos em determinadas posições. Já na democracia *representativa* moderna, os cidadãos escolhem seus *representantes*, os quais irão representá-los na administração e no parlamento, decidindo em seu nome. A democracia representativa, diversamente da direta, torna estrutural e permanente uma separação entre dirigentes e dirigidos. Poder-se-ia argumentar que, em princípio, todos (ou quase todos, excetuando-se os menores de idade, os criminosos presos etc.) têm o direito de se candidatar a um cargo público; entretanto, em uma sociedade desigual, marcada por diferenças de classe e, especialmente no Terceiro Mundo, por crassas disparidades socioeconômicas e por várias deformações políticoculturais ("coronelismo", "voto de cabresto" etc.), as chances *reais* de que um cidadão comum pobre, sem vínculos ou acordos com máquinas políticas estabelecidas e sem um financiamento de sua campanha, conquiste um cargo público pela via eleitoral, são pequenas. Além disso, a pouca transparência do aparelho de Estado ("razões de Estado", decisões tomadas a portas fechadas etc.), mais as dificuldades para a perda de mandato do representante ímprobo ou corrupto, fazem com que a democracia representativa, no fundo, sirva mais para perpetuar o *status quo* econômico-social vigente do que para, com base nela, corrigi-lo. É bem verdade que, por outro lado, a democracia representativa possui uma inclinação *universalista*, coisa que não ocorria na *pólis* clássica, já que existia a escravidão e as mulheres não eram propriamente cidadãs com direitos políticos. Todavia, por sua natureza, a democracia representativa é, no fundo, uma democracia com aspas; ela estende certos direitos formais a muitos grupos (como as mulheres), mas permanece superficial. Modernamente, algumas tentativas de se introduzirem, pelo menos, elementos de democracia direta no contexto da democracia representativa vêm ocorrendo; como se estará diante de coletividades muitíssimo maiores que uma *pólis* grega da Antigüidade, a participação direta da população acaba tendo de se dar com a ajuda de artifícios como a *delegação* (que difere da representação na medida em que o delegado, ao contrário do representante, é apenas um porta-voz de sua base, e não alguém que recebe um mandato para decidir livremente em nome de outrem) e a *descentralização político-territorial*. Uma sociedade autogerida do futuro, baseada na democracia direta, se vier a existir, terá, forçosamente, de recorrer a esses expedientes (e, também, às modernas tecnologias de informação e comunicação) para viabilizar os processos decisórios.

Desemprego aberto e disfarçado: o desemprego é *aberto* quando o indivíduo, forçado à ociosidade por não conseguir ingressar no mercado de trabalho formal (indivíduo jovem em idade de trabalhar) ou ter perdido o emprego, não exerce nenhuma atividade econômica remunerada em caráter mais ou menos permanente, e *disfarçado* quando ele se acha exercendo atividades fora do mercado de trabalho formal, comumente em uma situação de muito baixa remuneração e grande precariedade sob os ângulos trabalhista e previdenciário. O desemprego disfarçado corresponde ao chamado *subemprego*, que compreende os trabalhadores não-registrados e que são, via de regra, os mais pobres. Hoje em dia, situações de informalidade há que, sem dúvida, desafiam um pouco essa simplificação; pense-se, para ilustrar, nos traficantes de drogas de varejo baseados em uma favela, os quais, justamente, ingressam na "carreira" criminosa para não ter de se submeter seja a um emprego formal de baixa remuneração, seja, em meio a elevadas taxas de desemprego, a um subemprego qualquer. Entretanto, essa não apenas é a exceção que confirma a regra, mas nem sequer é uma exceção por completo: basta ver a vida que a maioria desses traficantes leva, prisioneiros em seus próprios "domínios" e com uma expectativa de vida muito baixa.

Economias de aglomeração: as economias de aglomeração correspondem ao que se chama de "economias externas de escala" à firma, ou "externalidades". Essas têm a ver, como indica o nome, com efeitos econômicos sobre as empresas que derivam de fatores que lhes são externos. As externalidades podem ser *positivas* ou *negativas*. No caso de a presença de várias firmas próximas no espaço criar uma economia de escala favorável a todas elas, coisa que resulta, justamente, da ação conjunta das empresas individuais (ou, também, no caso de a influência positiva advir da cidade como um todo, em sua complexidade), a externalidade será positiva; por exemplo, quando firmas que desenvolvem atividades complementares se localizam próximas umas das outras. Quando a influência da aglomeração de firmas ou de outros aspectos referentes à vida urbana for desfavorável, a externalidade será, claro está, negativa. Além disso, as economias de aglomeração se subdividem em dois tipos: as *economias de concentração* e as *economias de urbanização*. As primeiras ocorrem quando as empresas próximas pertencem ao mesmo ramo; por exemplo, uma concentração de lojas especializadas em um mesmo produto em uma mesma rua, criando, para a cidade inteira ou grande parte dela, uma referência junto à clientela em potencial, o que acaba beneficiando todos, ao menos enquanto não houver saturação do mercado. O segundo tipo de economia de aglomeração, as economias de urbanização, comparece quando se está diante de relações de complementaridade, além de se considerarem, também, as influências positivas do ambiente urbano (infra-estrutura técnica e social, qualificação da mão-de-obra etc.). Note-se, contudo, que, quando há uma saturação, um ambiente favorável pode passar a ser desfavorável, e fatores como poluição, congestionamentos, violência etc. conduzem ao inverso das economias de aglomeração, que são as *deseconomias de aglomeração*.

Escalas de mensuração (nominal, ordinal, de intervalo e de razão): quando se diz que se pode medir alguma coisa, o verbo "medir" costuma ser associado à idéia de que uma grandeza ou relações entre grandezas diferentes serão expressas por números: por exemplo, a altura de uma pessoa, a taxa de inflação ou a área de um município. Na verdade, ao se mensurar alguma coisa nas ciências sociais, o que se está fazendo é associar valores a uma variável, mas esses valores não precisam ser expressos numericamente. Existem quatro tipos de escalas de mensuração, sendo que a mais simples delas, a *nominal*, é puramente qualitativa: ela apenas classifica os fenômenos ou nos informa sobre sua presença ou ausência (por exemplo: tipos de espaços segregados: 1) favelas, 2) loteamentos irregulares, 3) ...; tipos de relação jurídica com o imóvel: 1) proprietário, 2) inquilino, 3) posseiro, 4) outra). A escala *ordinal* já informa sobre quantidades, associando-as às variáveis e comparando-as umas com as outras; mas as quantidades não são expressas por números, nada informando, portanto, sobre as distâncias entre os valores (por exemplo: 1) alto *status* social, 2) médio *status* social, 3) baixo *status* social). As escalas ordinais são as mais importantes, na prática, para as ciências da sociedade. A escala de *intervalo* pressupõe que os intervalos entre as categorias sejam idênticos, mas a escala não possui um zero absoluto, mas sim, apenas um zero arbitrário, como o zero de um termômetro (zero, nesse caso, não significa "ausência de temperatura"). Por fim, na escala de *razão* o zero não é arbitrário, representando, sim, ausência absoluta. Não apenas não é fácil, porém, estabelecer quantidades expressas numericamente para os constructos com os quais os cientistas sociais lidam (como medir, diretamente, poder ou carisma?...), mas, além disso, o zero tende a ser uma ficção em numerosíssimos casos: "zero" poder, "zero" *status*, em sentido realmente absoluto? Ou, numa escala de tamanho demográfico de cidades: pode ser difícil definir "a partir de quanto" se pode falar de cidade, como seu viu neste livro, mas não existe, obviamente, uma cidade com zero habitante!

Favelas: as favelas apresentam várias características, mas nenhuma delas parece ser tão específica quanto o seu *status* jurídico ilegal, na qualidade de ocupação de terras públicas ou privadas pertencentes a terceiros. A pobreza de sua população é, sem dúvida, uma característica distintiva muito comum, mas o nível de pobreza é bastante variável não só entre favelas (uma favela recente de periferia tende a ser mais pobre, na média, que uma favela antiga e consolidada, localizada próxima a bairros privilegiados), mas também no interior de favelas grandes e consolidadas, especialmente quando situadas em áreas valorizadas. A carência de infra-estrutura, assim como a pobreza, é, igualmente, uma característica muito comum, mas, não menos que a pobreza, variável. A esses critérios se poderiam acrescentar a malha viária totalmente irregular e mais alguns outros. O leitor pode estar se perguntando: "mas, e se o Estado dotar uma favela de infra-estrutura e promover a sua regularização fundiária? O espaço continuará a ser uma favela?". Em princípio, *não*; no entanto, como a força de inércia dos preconceitos é muito grande, é provável que, no imaginário coletivo da população privilegiada, as concentrações de pessoas pobres que continuariam a ser esses espaços, provavelmente continuariam recebendo algum tratamento discriminatório no quotidiano. Daí a importância de se enfrentarem, complementarmente à dotação de infra-estrutura e à regularização fundiária, o problema da pobreza e, também, o desafio representado pelos elementos racistas e estigmatizantes presentes no imaginário e associados às imagens de certos lugares.

Geometria dos fractais: a Geometria dos fractais busca demonstrar que estruturas naturais de complexidade aparentemente infinita, como nuvens e galáxias, apresentam, no fundo, uma surpreendente regularidade, a chamada "invariância de escala". Ou seja: examinando-se essas estruturas a partir de níveis de aproximação os mais variados, topa-se, fundamentalmente, com os mesmos elementos básicos. Para alguns analistas, cidades poderiam ser "decodificadas" com a ajuda dessa nova "linguagem" matemática. Esquecem-se ou ignoram que, justamente, em matéria de espaço social, e para além de semelhanças formais, uma mudança de escala implica uma mudança qualitativa: por exemplo, os fenômenos observados e observáveis na escala da rede urbana não são, em geral, os mesmos observáveis na escala intra-urbana, e vice-versa.

Heurística: no sentido usado neste livro, heurístico é um procedimento de busca das fontes ou causas, por aproximações sucessivas. Quando, no corpo do texto, eu disse que um modelo (gráfico, por exemplo) possui uma função heurística, eu queria dizer que, ao construir o modelo, e para construi-lo, o cientista é forçado a possuir um apreciável poder de síntese e, ao mesmo tempo, um grande senso de equilíbrio, pois ele deverá proceder a simplificações sem, contudo, distorcer grotescamente a realidade. A margem de manobra para uma explicação ou um esclarecimento que um texto oferece (e um texto é, ele próprio, uma simplificação, um "modelo verbal", por mais rico e complexo que seja) é muito maior que a margem de manobra permitida por um diagrama sistêmico, a mesclar texto (com torturante economia de palavras) e relações gráficas. Ao elaborar o modelo, buscando distinguir o que é essencial do que é acessório, o próprio pensamento ganha mais clareza sobre limites e relações. Por isso constitui-se em um ótimo exercício.

Loteamentos irregulares: um loteamento é considerado irregular quando ele não obedece ao que prevê a legislação que dispõe sobre o parcelamento do solo, especialmente a Lei Federal 6.766/79, conhecida como "Lei Lehmann" em homenagem ao senador (Otto Lehmann) que foi o seu relator. É muito comum os loteadores não cumprirem com a sua parte no que se refere a certas obras e melhorias infra-estruturais; com isso, deixam para trás parcelamentos irregulares em face da legislação, e é a própria população do loteamento, via de regra uma população pobre, moradora de periferias urbanas, que terá, penosamente, de lutar junto ao Poder Público para levar infra-estrutura, inclusive saneamento básico, até o local, e regularizar a sua situação. Quando, ainda por cima, o loteador nem sequer buscou aprovar um projeto de loteamento junto à Prefeitura, o loteamento, além de irregular, é denominado de *clandestino*. Em alguns casos, loteadores inescrupulosos loteiam até mesmo terrenos que nem sequer lhes pertencem, assim se encontrando os adquirentes dos lotes em uma condição de posseiros (ocupantes ilegais), correndo o risco de serem expulsos, muito embora tenham agido de boa-fé.

Mais-valia: a mais-valia é um conceito herdado do pensamento marxista, e corresponde ao chamado "trabalho não pago", ou ao valor que o trabalhador cria além do valor de sua força de trabalho. Fica mais fácil explicar com a ajuda de um exemplo hipotético. Suponhamos que os operários de uma determinada fábrica produzam uma quantidade "x" de uma certa mercadoria por mês, quantidade essa que será vendida pelo empresário (dono da fábrica) por um valor "y".

É evidente que os operários não irão receber, ao final do mês, o valor "y" dividido igualmente entre eles a título de remuneração (isso poderia ocorrer se se tratasse de uma cooperativa, e não de um empreendimento tipicamente capitalista); do valor "y" o capitalista deverá deduzir um valor "z", o qual abrange coisas muito diversas: antes de mais nada, o valor que o empresário tem de pagar ao proprietário do terreno onde se situa a fábrica, no caso de ele não ser, ao mesmo tempo, o dono do terreno (a essa remuneração ao proprietário do terreno dá-se o nome de *renda fundiária*, ou *renda da terra*). O que resta do valor "z" após esse desconto é aquilo que Marx chamava, genericamente, de *lucro*. Uma parte do lucro deverá ser usada para cobrir os mais diferentes custos com infra-estrutura (energia, água etc.), com impostos e com a compra de matérias-primas; uma outra parte deverá ser usada para o pagamento dos assalariados não diretamente envolvidos com a produção (inspetores, supervisores etc., que são aqueles que Marx denominava, de modo bastante questionável, de "trabalhadores não-produtivos"); uma outra parte do lucro será reinvestida, visando à ampliação, ao crescimento e à modernização da produção e da empresa; uma parte irá, eventualmente, para o pagamento de juros bancários, decorrentes de empréstimos contraídos pelo capitalista; por fim, depois de todos esses descontos, o que sobra é o *lucro da empresa*, que inclui a remuneração pessoal do capitalista ou dos acionistas. O valor "z" é a própria mais-valia, que é, como se viu, a base do lucro. Em resumo, a mais-valia extraída de um trabalhador é a diferença entre o valor que ele produz e aquilo que é pago por sua força de trabalho.

Meios de produção: os meios de produção consistem tanto no objeto sobre o qual se trabalha (matéria bruta, que é a substância que provém diretamente da natureza, ou matéria-prima, que é aquela que já sofreu algum tipo de modificação), quanto nos meios de trabalho em geral (ferramentas, máquinas etc., mas também o terreno da empresa ou firma, com as construções e as benfeitorias – isto é, o *substrato espacial*). No capitalismo, os trabalhadores não são proprietários dos meios de produção, e é sobre essa separação que se assentam a extração da mais-valia e o processo de exploração econômica de uma parcela da sociedade por outra.

Modelos gravitacionais: a tentação do formalismo levou, já há várias décadas, economistas regionais e geógrafos quantitativos a quererem analisar fenômenos sócio-espaciais com a ajuda de analogias com as leis da Física e mediante a importação de métodos dessa ciência. O exemplo mais conhecido e clássico é a análise de migrações e interações espaciais por meio de "modelos gravitacionais", em que a interação é vista como decorrente de uma relação entre "massas" e "distâncias", a atração (no caso, de população) se dando na razão direta das massas envolvidas e na razão inversa do quadrado da distância.

Modo de produção: Parece simplesmente pleonástico, mas não é: o modo de produção é a maneira como bens econômicos são produzidos, combinando *relações de produção* determinadas com certas *forças produtivas*. As relações de produção compreendem as relações de trabalho, que são as relações que os trabalhadores estabelecem entre si e com os proprietários dos meios de produção (no caso de não serem eles mesmos os proprietários), e os sistemas de propriedade. Já as forças produtivas abrangem os meios de produção e a própria força de trabalho. O conceito acha-se muito marcado pelo pensamento marxista, mas passou a ser usado mesmo por pessoas que, a rigor, não são marxistas, o que em princípio, não oferece maiores problemas, desde que as modificações e adaptações sejam explicitadas e não conduzam a uma "salada de frutas" teórico-conceitual. Por exemplo, a força de trabalho está muito longe de ser uma simples força produtiva, uma vez que os trabalhadores resistem, de vários modos, aos imperativos do processo de produção, no âmbito do próprio quotidiano da fábrica ou empresa, coisa usualmente subestimada pelo marxismo. Outro problema, mais abrangente, é o da incipiência (e, às vezes, inexistência) da crítica marxista às forças produtivas capitalistas, como se fosse possível e desejável que uma sociedade pós-capitalista, pretendidamente mais justa, simplesmente aproveitasse toda a matriz tecnológica e a organização espacial legadas pela atual sociedade capitalista, sem maiores críticas ou revisões. Para o marxismo, por fim, o modo de produção da vida material determina o processo da vida política e espiritual, determinismo esse que passou a ser crescentemente rejeitado ou relativizado (inclusive por marxistas menos ortodoxos), por secundarizar o papel do imaginário e das motivações de caráter não-econômico. O modo de produção é um conceito importante, mas de alcance limitado; o conceito de *modelo social* ou *civilizatório* vai mais além, pois diz respeito à imbricação das dimensões econômica, política e cultural no seio de um dado tipo de sociedade.

Necessidades básicas: o conceito de necessidades básicas é útil e, ao mesmo tempo, ardiloso, pois é comum as pessoas acharem que podem definir, em gabinete e de uma vez por todas, independentemente do momento e da cultura, e em nome dos outros, quais são as necessidades básicas. Em uma primeira aproximação, não é difícil entender como *necessidades básicas materiais* aquelas ligadas, por exemplo, à alimentação, à moradia salubre e digna e ao vestuário, assim como *necessidades básicas imateriais* seriam as ligadas, por exemplo, ao lazer e à cultura. Contudo, o que é básico, e o que é não-básico? Quem define a fronteira entre os dois tipos? De que modo necessidades materiais e imateriais dependem umas das outras e se condicionam reciprocamente? Eis algumas questões que precisam, a todo momento, ser recolocadas.

Países periféricos, semiperiféricos e centrais: a terminologia "países centrais"/"países periféricos" deve muito às diversas correntes da chamada "Teoria da Dependência". Immanuel Wallerstein popularizou, mais tarde, o conceito de "país semiperiférico", no âmbito de sua teoria sobre a formação e a dinâmica do "sistema mundial capitalista". Independentemente de se concordar inteiramente com as análises de Wallerstein (eu, particularmente, não concordo com diversas coisas, cuja explicitação não cabe aqui), o tripé conceitual países periféricos, semiperiféricos e centrais parece-me, há muitos anos, útil, pois substitui ou complementa, com vantagem, referenciais como "Primeiro Mundo"/"Terceiro Mundo", "países desenvolvidos"/"países subdesenvolvidos" e outros. Países periféricos típicos são muito pouco industrializados, a composição de seu Produto Interno Bruto (PIB) e, mais ainda, a sua pauta de exportações, revela uma economia muito dependente do setor primário (agricultura, pecuária, extrativismo); além disso, possuem problemas sociais graves (enorme pobreza absoluta e mesmo fome endêmica, desigualdades etc.). Países centrais são aqueles que, além de industrializados, são geoeconomicamente e geopoliticamente dominantes em escala global, apesar das diferenças entre eles (por exemplo, a distância de potencial militar que separa os EUA dos países europeus ou do Japão). Embora não estejam livres de diversos problemas (como racismo, xenofobia e, mesmo, pobreza e desemprego), historicamente, as sociedades desses países conseguiram superar, em geral, os problemas materiais mais graves, como a pobreza absoluta, e a mobilidade vertical é bastante significativa. Países semiperiféricos são aqueles que mesclam algumas características dos países centrais, como o forte nível de industrialização (embora, via de regra, não sejam indústrias de tecnologia de ponta), com muitas características dos países periféricos, a começar pelos problemas sociais. Os países semiperiféricos são, normalmente, ou "países subdesenvolvidos industrializados", como o Brasil, ou, também, países europeus que não chegaram, nunca, a se afirmar como países centrais, mesmo tendo sido, em alguns casos, potências coloniais, como Portugal.

Pobreza absoluta e pobreza relativa: pobre, em sentido absoluto, é aquele indivíduo cujos rendimentos não são suficientes para assegurar-lhe nem sequer a satisfação mínima de todas as suas necessidades básicas. Já o indivíduo que é apenas relativamente pobre pode ter, pelo menos, as necessidades básicas minimamente satisfeitas, mas ele é considerado pobre em comparação com outros segmentos sociais, normalmente sendo visto como tal pela sociedade e, inclusive, vendo-se a si próprio nessa condição, em função de seu local de moradia, de sua dificuldade de acesso a certos bens de consumo (especialmente de consumo durável) etc.

Retroalimentação positiva: na linguagem da Teoria Geral dos Sistemas, uma retroalimentação positiva se dá quando o fenômeno "B", que é gerado pelo fenômeno "A", reincide sobre "A", reforçando-o. Corresponde àquilo que, em linguagem comum, quotidiana, muitas vezes se chama de "círculo vicioso". Nesses casos, o efeito atua sobre a causa, reforçando-a e gerando um efeito ainda mais forte, e assim prosseguindo, indefinidamente, até que se consiga, de algum modo, quebrar ou interromper a cadeia.

Bibliografia comentada

Vários dos livros arrolados e comentados a seguir foram citados no corpo do texto, mas nem todos. Mesmo assim, esta **Bibliografia comentada** é bastante sucinta, e objetiva ser nada mais que um guia inicial para o leitor interessado em aprofundar seus conhecimentos a propósito dos temas abordados no livro.

ABREU, Mauricio de Almeida (1988): *Evolução urbana do Rio de Janeiro*. Rio de Janeiro: Jorge Zahar/IPLANRIO, 2.ª ed.
O livro de Mauricio Abreu, atualmente em sua terceira edição, é não somente um bonito trabalho – bonito pela iconografia (que inclui reproduções de mapas antigos, de fotografias, de pinturas e até de caricaturas de época) e, também, por conta da elegante prosa do autor –, mas, sem dúvida, um livro extremamente importante por seu conteúdo: ele é uma fonte de referência obrigatória para quem se interessa pela história do Rio de Janeiro e, mais amplamente, por Geografia Urbana Histórica e História Urbana.

ARMSTRONG, Warwick e McGEE, Terry (1985): *Theatres of Accumulation. Studies in Asian and Latin American Urbanization*. New York: Methuen & Co.
Trata-se, este livro de Warwick Armstrong e Terry McGee, de uma coletânea de ensaios, em que alguns são mais gerais e teóricos, enquanto que outros são análises empíricas de casos específicos. A discussão que o livro encerra, a propósito das cidades capitalistas como "teatros de acumulação" e, ao mesmo tempo, "centros de difusão" (de "inovações"), é bastante importante.

BENEVOLO, Leonardo (2001): *História da cidade*. São Paulo: Perspectiva, 3.ª ed.
O livro de Benevolo é uma bela obra de referência sobre a história da cidade, vista pelo olhar de um arquiteto. O destaque vai, em grande parte, para a enorme quantidade de ilustrações.

CASTELLS, Manuel (1983): *A questão urbana*. Rio de Janeiro: Paz e Terra.
A *questão urbana* foi publicado na França, originalmente, em 1972, e tornou-se o principal livro-símbolo da Sociologia Urbana de corte marxista que, entre fins dos anos 60 e início dos anos 70, iria, inicialmente na França, e logo em seguida na Inglaterra e nos EUA, submeter a Sociologia clássica (marcada pelo culturalismo e pelo funcionalismo) a rigorosas críticas. O livro de Castells possui várias deficiências que foram aparecendo com o tempo, e seu próprio autor se distanciou de sua abordagem de então (aliás, Manuel Castells mudou várias vezes de posição nos últimos trinta anos); no entanto, esse livro, que marcou e, em grande parte, inaugurou vários debates, é uma referência obrigatória.

CHILDE, Vere Gordon (1973 [1941]): *O que aconteceu na história*. Rio de Janeiro: Zahar, 3ª ed.
_____ (1981 [?]): *A evolução cultural do homem*. Rio de Janeiro: Zahar, 5ª ed.
Ambos os livros do arqueólogo australiano V. Gordon Childe são clássicos absolutos. Escritos como livros de divulgação científica para um público de não-especialistas em Arqueologia ou Pré-História, são leituras, ao mesmo tempo, enriquecedoras e envolventes, porque acessíveis. Mesmo tendo os avanços posteriores nos estudos arqueológicos levado à obsolescência de certas interpretações de Childe, sem contar certas imprecisões conceituais (como a designação por "totalitário" do tipo de Estado teocrático-autoritário do antigo Egito faraônico, ou da sociedade espartana), o panorama geral descortinado por ele sobre o surgimento das cidades continua valendo a pena ser lido. Embora a editora carioca Zahar não mais exista, seus livros costumam ser encontrados com facilidade em bibliotecas e sebos.

CHRISTALLER, Walter (1966 [1933]): *Central Places in Southern Germany*. New Jersey: Prentice-Hall.
Não existe uma tradução da obra clássica de Christaller *Die zentralen Orte in Süddeutschland* (*As localidades centrais na Alemanha Meridional*) para o português. Dou, então, a referência de uma tradução para o inglês, já que o alemão é inacessível para a esmagadora maioria dos leitores brasileiros. O livro de Christaller é leitura obrigatória para quem se interessar mais a fundo pelo assunto das redes urbanas. Muito embora muita coisa tenha sido publicada desde que Christaller lançou seu livro, há setenta anos (em parte criticando ou revendo aspectos da teo-

ria em sua formulação clássica), ir às fontes é sempre recomendável. Walter Christaller era economista de formação, mas doutorou-se em Geografia com Robert Gradmann. Sua Teoria das Localidades Centrais foi levada em conta para planejar o reordenamento espacial dos países ocupados pelo Terceiro Reich na Europa do Leste, e o próprio Christaller cultivou relações de cooperação com a Alemanha de Hitler, tornando-se, inclusive, membro do Partido Nacional-Socialista (nazista) em 1940. Isso deve ter sido decisivo para fazer com que ele, após a Segunda Guerra, jamais tenha alcançado a posição de catedrático. Apesar disso, seu nome e sua obra obtiveram fama mundial, depois de ser esta última recuperada, nos anos 60 e 70, pelos geógrafos quantitativos anglo-saxônicos e por economistas espaciais. Na verdade, a despeito das máculas que pesam contra o seu autor, no plano moral ou ideológico, sua teoria é uma das mais robustas (simples e, ao mesmo tempo, consistente) até hoje já elaboradas no campo dos estudos urbanos e regionais, e o sistema alemão de ordenamento espacial a tem, até hoje, como um de seus fundamentos teóricos.

CORRÊA, Roberto Lobato (1993): *O espaço urbano*. São Paulo: Ática (= série Princípios, n? 174), 2ª ed.
_____ (1989): *A rede urbana*. São Paulo: Ática (= série Princípios, n.º 168).
Esses dois livros de Roberto Lobato Corrêa, professor do Departamento de Geografia da Universidade Federal do Rio de Janeiro e ex-geógrafo do IBGE, conseguem ser, ao mesmo tempo, rigorosos e didáticos. Foram escritos para estudantes de graduação, não para leigos; contudo, seu didatismo, a linguagem direta e os muitos exemplos concretos, juntamente com um glossário, tornam-nos bastante acessíveis também para o público não-especializado. *O espaço urbano* complementa, sob vários aspectos, o que se disse, especialmente, no Cap. 4 do presente livro (*A cidade vista por dentro*), enquanto que *A rede urbana* é uma altamente recomendável leitura suplementar ao Cap. 3 (*Da cidade individual à rede urbana*).

DAVIS, Kingsley *et al.* (1977): *Cidades – a urbanização da humanidade*. Rio de Janeiro: Zahar.
Trata-se de uma coletânea de textos publicada em fins dos anos 60 nos EUA. Boa parte dela é "datada", uma vez que os dados e mesmo algumas interpretações envelheceram. De qualquer maneira, vale a pena

consultar não apenas por estar disponível em português, mas também por conter alguns textos que ainda podem ser lidos com proveito pelo leigo e mesmo pelo estudante de graduação, como o de Kingsley Davis (*A urbanização da humanidade*) e o de Gideon Sjoberg (*Origem e evolução das cidades*).

HALL, Peter (2001): *Cidades do amanhã*. São Paulo: Perspectiva.
O livro do geógrafo Peter Hall é uma das mais completas histórias do planejamento urbano já escritas – e, possivelmente, a mais gostosa de se ler.

HARVEY, David (1980): *A justiça social e a cidade*. São Paulo: HUCITEC.
A justiça social e a *cidade* foi publicado nos EUA em 1973 e constitui-se, ao lado de *A questão urbana*, de Manuel Castells, em um dos dois livros-símbolo da "guinada para a esquerda" que caracterizou boa parte dos estudos urbanos na virada dos anos 60 para os anos 70. David Harvey já era, à época da publicação do livro, muito respeitado e conhecido no meio da Geografia norte-americana, tendo se destacado no âmbito da "revolução quantitativa". No começo dos anos 70 sua visão muda, e "converte-se" ao marxismo. *A justiça social e a cidade* é uma "obra de transição", composta de duas partes, em que fica bem clara a trajetória do autor, de uma visão de mundo liberal para uma marxista. Certas análises, sobretudo da segunda parte, como aquelas sobre a formação do gueto e sobre os papéis dos agentes modeladores do espaço urbano em uma cidade capitalista, já podem ser consideradas, hoje, passagens "clássicas", por sua condição de referência obrigatória, assim como, em última análise, o próprio livro.

IBGE (1987): *Regiões de influência das cidades*. Rio de Janeiro: IBGE.
Coordenado tecnicamente por Roberto Lobato Corrêa, *Regiões de influência das cidades* atualiza um outro estudo, *Divisão do Brasil em regiões funcionais urbanas*, de 1972. A parte teórica e metodológica é muito boa. Vale como indicação de leitura para quem queira se aprofundar sobre o assunto *rede urbana*, em especial no tocante à sua aplicação ao Brasil.

IPEA/IBGE/NESUR (1999): *Caracterização e tendências da rede urbana do Brasil*. Campinas: UNICAMP, 2 vols.
Encomendado pelo IPEA e preparado pelo Núcleo de Economia Social Urbana e Regional (NESUR) do Instituto de Economia da UNICAMP

em parceria com o Departamento de Geografia do IBGE, o estudo busca atualizar o trabalho *Regiões de influência das cidades*, publicado em 1987 pelo IBGE. O resultado não foi, a meu ver, inteiramente satisfatório, devido a problemas de base de ordem conceitual e metodológica. Seja como for, é a referência mais atual e abrangente de que se dispõe a propósito da rede urbana brasileira, o que a torna uma leitura necessária para quem quiser se aprofundar no assunto.

JACOBS, Jane (2001): *Morte e vida de grandes cidades*. São Paulo: Martins Fontes.

Jane Jacobs atraiu para si a ira do *establishment* urbanístico ao publicar, em 1961, esse livro, que rapidamente viraria um *best-seller*. Sua crítica arguta e ferina não poupou as duas mais populares correntes urbanísticas de então, a das "cidades-jardim" e a modernista. *Morte e vida de grandes cidades* (tradução truncada do título original americano *The Death and Life of Great American Cities*) permanece sendo, depois de mais de quarenta anos, uma leitura edificante. Isso serve um pouco de consolo para o público brasileiro, já que a tradução foi publicada, aqui, somente quatro décadas depois do aparecimento do livro nos EUA.

KOWARICK, Lúcio (1979): *A espoliação urbana*. Rio de Janeiro e São Paulo: Paz e Terra.

Embora seja uma coletânea de textos escritos ao longo da década de 70, *A espoliação urbana* guarda uma fortíssima unidade interna. No conjunto, consiste na típica abordagem crítica de Sociologia Urbana brasileira dos anos 70 – com seus temas recorrentes, como favelização, autoconstrução nas periferias e lutas urbanas – em sua melhor forma. Continua sendo uma leitura muito importante.

MARX, Karl e ENGELS, Friedrich (1982 [1848]): *Feuerbach. Oposição das concepções materialista e idealista (Capítulo primeiro de "A ideologia alemã")*. In: MARX/ENGELS: *Obras escolhidas*. Moscou e Lisboa: Edições Progresso e Edições "Avante!".

No capítulo primeiro de *A ideologia alemã*, assim como no próprio *Manifesto comunista*, Marx e Engels oferecem análises rápidas mas interessantes sobre a oposição cidade/campo e a mudança de seu significado na esteira da transição do feudalismo para o capitalismo. Por falar em Marx e Engels, especialmente este último contribuiu, em outros textos, para a análise de problemas urbanos; vide os seus *A situa-*

ção da classe trabalhadora na Inglaterra (em particular o capítulo "As grandes cidades") e *A questão da habitação*, ambos facilmente encontráveis em português.

MUMFORD, Lewis (1982 [1961]): *A cidade na história*. Suas origens, transformações e perspectivas. São Paulo e Brasília: Martins Fontes e Editora UnB.

A cidade na história é um clássico que, mesmo depois de decorridas tantas décadas após sua primeira edição em língua inglesa, não perdeu seu encanto e sua utilidade – e por isso mesmo é um clássico. Monumental, do alto de suas mais de setecentas páginas, e erudito, não deve, só por isso, assustar o leitor: com sua prosa fluente e agradável, quase que se lê como se lê um romance. Ou, dependendo do leitor, ainda com mais apetite.

PERLMAN, Janice (1977 [1976]): *O mito da marginalidade*. Favelas e política no Rio de Janeiro. Rio de Janeiro: Paz e Terra.

O estudo de Janice Perlman *O mito da marginalidade* marcou, decisivamente, o debate sobre a chamada "marginalidade urbana", no Brasil, em particular, e na América Latina, em geral. Utilizando como "laboratórios" ou "observatórios" favelas do Rio de Janeiro, a então (começo dos anos 70) jovem socióloga Janice Perlman documentou, de modo dificilmente contestável, que os favelados, a despeito dos clichês e preconceitos correntes, não são "marginais" (no sentido de "estarem à margem"), pois não são economicamente parasitários (são, isso sim, na sua maioria, trabalhadores pobres, dos quais depende a economia), nem culturalmente desajustados, nem politicamente perigosos. Seu livro veio se somar a contribuições de mesmo espírito, na mesma época, como a de Lúcio Kowarick.

SANTOS, Carlos Nelson Ferreira dos (1981): *Movimentos urbanos no Rio de Janeiro*. Rio de Janeiro: Zahar.

De toda a vasta literatura que se produziu no Brasil, especialmente nos anos 70 e 80, sobre movimentos sociais urbanos (a maior parte dela estudos empíricos com frágil base teórica), o livro de Carlos Nelson é uma das não muitas coisas realmente boas e marcantes. Muito bem escrito e agradável de ser lido, não deixa, por isso, de ter um compromisso com o rigor. Sobre os movimentos sociais (não só urbanos em sentido mais estrito), uma publicação recente que, a despeito de algumas inconsistências, é digna de menção, é o livro *Teorias dos movimen-*

tos sociais, de Maria da Glória Gohn (2000, São Paulo, Loyola, 2ª ed.). Dentre os livros mais antigos, os interessados podem recorrer, por exemplo, ao excelente *Quando novos personagens entraram em cena*, de Eder Sader (1995, São Paulo, Paz e Terra, 3ª reimpressão).

SANTOS, Milton (1979 [1973]): *O espaço dividido*. Os dois circuitos da economia urbana dos países subdesenvolvidos. Rio de Janeiro: Francisco Alves.

Milton Santos forneceu, com *O espaço dividido*, uma análise da economia urbana dos países subdesenvolvidos que rompeu, decisivamente, com as abordagens dualistas dos anos 60, substituindo a dualidade "moderno" *versus* "tradicional" pela *dialética* entre um "circuito superior" (correspondendo, basicamente à economia formal) e um "circuito inferior" (que equivale, no geral, ao setor informal, embora não se tenha dado atenção à sua parcela propriamente criminosa), em que, apesar de eventuais atritos entre ambos, o "circuito inferior" seria parte das condições de reprodução da força de trabalho pobre, e portanto da reprodução do próprio sistema. Publicado originalmente na França, *O espaço dividido* acabou tendo, no Brasil, uma divulgação menor do que merecia, inclusive entre geógrafos de formação.

De Milton Santos vale a pena ler, também, *A urbanização brasileira*, publicado pela HUCITEC (São Paulo) em 1993. Ele oferece, nesse livro, uma panorâmica do processo de urbanização no nosso país, em uma linguagem acessível.

SASSEN, Saskia (1998): *As cidades na economia mundial*. São Paulo: Nobel.

Para o público brasileiro interessado em aprofundar-se sobre o papel das grandes cidades na economia internacional na era da "globalização", a leitura desse livro de Saskia Sassen (publicado alguns anos depois de sua famosa obra *The Global City*, ainda sem tradução para o português) é altamente recomendável.

SOUZA, Marcelo Lopes de (2000): *O desafio metropolitano*. Um estudo sobre a problemática sócio-espacial nas metrópoles brasileiras. Rio de Janeiro: Bertrand Brasil.

_____ (2002): *Mudar a cidade*. Uma introdução crítica ao planejamento e à gestão urbanos. Rio de Janeiro: Bertrand Brasil.

Meus dois últimos livros podem ajudar o leitor que deseje um aprofundamento sobre determinados tópicos abordados no presente livro. A discussão sobre os impactos sócio-espaciais do tráfico de drogas, incluindo a análise da "fragmentação do tecido sociopolítico-espacial" da cidade, e uma análise dos movimentos sociais urbanos e sua crise no Brasil dos anos 80 e 90, podem ser encontradas em *O desafio metropolitano*. O livro mais recente, *Mudar a cidade*, de sua parte, contém uma introdução, para um público especializado, a temas como reforma urbana e instrumentos de planejamento passíveis de servirem aos propósitos de construção de uma cidade mais justa.

VELHO, Otávio Guilherme (1987): *O fenômeno urbano*. Rio de Janeiro: Guanabara, 4ª ed.

A coletânea *O fenômeno urbano* contém alguns textos imperdíveis para quem quiser se aprofundar no assunto da natureza e do conceito de cidade, como *A metrópole e a vida mental*, do sociólogo alemão Georg Simmel, e *Conceito e categorias de cidade*, de Max Weber. Para quem quiser e tiver a paciência de procurar, a editora The Free Press, de Nova Iorque, publicou, em 1958, o livro *The City*, de Weber, o qual reúne vários textos do sociólogo alemão sobre o assunto. O acesso do público leigo não é muito fácil, mas há, pelo menos, a vantagem de não ser em alemão.

VENTURA, Zuenir (1994): *Cidade partida*. São Paulo: Companhia das Letras.

Obra de um jornalista e escritor, *Cidade partida* é uma crônica do padecimento do Rio de Janeiro com o tráfico de drogas e a violência que a ele foi, mais e mais, se associando. O livro virou, com justa razão, um *best-seller*, e merece ser lido não somente por aqueles interessados no Rio de Janeiro.

ZALUAR, Alba (1994): *Condomínio do diabo*. Rio de Janeiro: Revan e Editora da UFRJ.

Condomínio do diabo é uma coletânea de ensaios da antropóloga Alba Zaluar, a qual se destacou, ao longo dos anos 80 e 90, como uma importante pesquisadora da violência urbana (especialmente em sua conexão com o tráfico de drogas) no Brasil. Esse e outros livros seus (como *A máquina e a revolta*, publicado em São Paulo em 1985, pela Brasiliense) devem ser lidos por todos aqueles que desejem se aprofundar nesse assunto.

Sobre as ilustrações

As ilustrações são todas minhas, mas em alguns casos houve uma fonte de inspiração e/ou informação, a qual, naturalmente, deve ser citada.

☐ A *figura 3* baseia-se, especificamente no que se refere à planta da cidade de Ur, na ilustração constante da página 12 do dtv-Atlas *Stadt*, de Jürgen Hotzan (Munique, Deutscher Taschenbuch Verlag, 1997, 2ª ed.).Também na *História da cidade*, de Leonardo Benévolo (vide **Bibliografia comentada**), pode ser vista uma planta da cidade (p. 28)

☐ A ilustração que abre o Capítulo 3 (*Da cidade individual à rede urbana*) é uma versão, ligeiramente modificada e simplificada, para servir a fins meramente "decorativos", de uma das principais figuras constantes da obra-prima de Walter Christaller sobre as localidades centrais (ver **Bibliografia comentada**)

☐ A *figura 4* e a *figura 5* trazem, ligeiramente simplificados, os modelos de Burgess, Hoyt e Harris e Ulmann. As versões originais desses modelos gráficos podem ser encontradas em vários manuais de Geografia Urbana, cujo acesso, embora nem sempre fácil para o leitor leigo, pelo menos é mais fácil que o acesso aos trabalhos originais em que os modelos apareceram pela primeira vez. Um desses manuais, bastante popular nos países de língua inglesa, é *The Study of Urban Geography*, de Harold Carter (Londres, Edward Arnold, 1981, 3ª ed.).

☐ O mapa da *figura 6* é a versão ligeiramente modificada e atualizada de um outro, constante de minha tese de Doutorado, publicada na Alemanha (Marcelo Lopes de Souza, *Armut, sozialräumliche Segregation und sozialer Konflikt in der Metropolitanregion von Rio de Janeiro. Ein Beitrag zur Analyse der "Stadtfrage" in Brasilien.* Tübingen, Selbstverlag des Geographischen Instituts, 1993). Sua fonte foram trabalhos de campo realizados em 1991 (para a referida tese de Doutorado) e complementados em ocasiões posteriores ao longo da década de 90.

☐ Também o modelo gráfico que se desdobra na *figura 7* e na *figura 8* teve uma encarnação anterior em minha tese de Doutorado. As figuras 7 e 8 correspondem a uma versão ligeiramente modificada e atualizada do modelo.

Este livro foi composto na tipografia
Times New Roman, em corpo 10,5/15, e impresso em
papel off-set no Sistema Digital Instant Duplex
da Divisão Gráfica da Distribuidora Record.